Shushann Movsessian

Help, ik word puber!

Alles wat je als meisje moet weten

DELTAS

OPGEDRAGEN

Aan mijn moeder Victoria Movsessian.
Omdat zij ongesteld werd en
heel veel mogelijk maakte.

Original title: Puberty Girl
First published in MMIV by Allen & Unwin, Australia
© Shushann Movsessian text MMIV.
© CKSD concept & design MMIV.
All rights reserved.
© Zuidnederlandse Uitgeverij N.V., Aartselaar, België, MMVI.
Alle rechten voorbehouden.
Deze uitgave door: Deltas, België-Nederland.
Nederlandse vertaling: Mirjam Bosman.
Gedrukt in België.

D-MMVI-0001-509
NUR 226/255

Inleiding
Welkom in de puberteit 4

HOOFDSTUK 1
Waarom een boek over puberteit? 6

HOOFDSTUK 2
Olala
— wat gebeurt er met me? **16**

HOOFDSTUK 3
De grote M 32

HOOFDSTUK 4
Maandverband en tampons 56

HOOFDSTUK 5
Jouw lichaam is wel mooi! 72

HOOFDSTUK 6
Puberkracht
— zorg goed voor jezelf! **84**

HOOFDSTUK 7
Ik ben de baas over mijn lichaam 94

HOOFDSTUK 8
Ruim de problemen uit de weg 98

HOOFDSTUK 9
Pubermeid, ga de uitdaging aan 110

Woordenlijst 118

INLEIDING
Welkom in de puberteit

Lieve pubermeiden

Jullie staan aan het begin van een van de meest ongelofelijke avonturen van je leven waarin alles mogelijk is, gewoon door jezelf te zijn en de natuur haar gang te laten gaan! Gefeliciteerd!

Wisten jullie dat jullie een wandelend en pratend wonder zijn? Echt waar! In de volgende hoofdstukken van dit boek zullen jullie ontdekken wat ik hiermee precies bedoel. Zelfs op het ogenblik dat jullie dit lezen, zijn er een heleboel veranderingen aan de gang – sommige kunnen jullie mogelijk al zien, zoals je borsten die misschien al zijn beginnen te groeien; andere veranderingen zitten binnen in jullie. Misschien voelen jullie ze wel, maar jullie kunnen ze niet zien.

Puberteit betekent opgroeien of volwassen worden. Hoor ik daar ergens 'Bah!'? Ik weet dat jullie nog niet volwassen zijn, maar de puberteit is onderdeel van jullie groei naar volwassenheid. Als dat afgrijselijk klinkt of zelfs eng, dan kan ik jullie meteen vertellen dat jullie niet alleen staan. Al jullie vriendinnen maken waarschijnlijk hetzelfde of ongeveer hetzelfde door en ook alle volwassenen die jullie kennen hebben het meegemaakt. Stel je eens voor... je grote zus, moeder, tante of lerares hebben dezelfde veranderingen moeten doorstaan.

Ter informatie volgen hier een aantal mensen die ook puber zijn geweest: stel je eens voor dat Jeanne d'Arc, prinses Diana en Cleopatra op de een of andere manier dezelfde reis hebben moeten maken als die jullie nu ondernemen. Kunnen jullie je voorstellen dat de koningin ook ooit voor de eerste keer ongesteld is geworden? En wat dacht je van Britney? Zelfs jullie oma! Wat denken jullie dat er was gebeurd als jullie oma niet ongesteld was geworden? Ik noem dit graag de eregalerij van de pubermeiden. Misschien willen jullie er nog andere beroemde namen aan toevoegen en als jullie zover zijn, kunnen jullie er jezelf bijzetten!

In dit boek wens ik jullie stiekem toe dat jullie je niet alleen een beetje goed voelen om wie jullie zijn, maar dat jullie je helemaal superfantastisch voelen, jullie buitengewone, pittige meiden!

Wanneer we goede informatie krijgen, onszelf niet hoeven te verbergen of te schamen, dan worden we sterk. We worden sterk wanneer we meer over onszelf te weten komen en onszelf kunnen zijn, gezond zijn, ons goed voelen om wie we zijn en als we zo veel mogelijk steun, aanmoediging en liefde krijgen, want dat verdienen we!

Dus tijdens het avontuur van dit boek gaan we kijken, ik bedoel echt kijken, naar al die uitdagende, sappige, slijmerige, sijpelende, warrige, verwarrende, wilde, persoonlijke dingen die horen bij jullie, opgroeiende meiden. Het gaat over de veranderingen van jullie lichaam, jullie geest, gedachten, gevoelens en emoties. Op al die verschrikkelijk moeilijke vragen zullen jullie ergens in dit boek het antwoord vinden. Jullie lezen de zuivere, onvervalste waarheid over wat er aan de hand is daarbinnen, daaronder en daar in de buurt! Ik hoop echt dat jullie dit boek met plezier zullen lezen en dat het jullie een beetje zal helpen tijdens jullie reis. En ik hoop vooral dat jullie zullen genieten van de tijd waarin jullie opgroeien tot vrouw.

Heel veel liefs, Shushann

PS Niet iedereen die dit boek leest heeft een moeder, een zus of een tante aan wie ze alles kan vragen wat met de puberteit te maken heeft. Maar je familie of verzorgers zijn niet de enigen met wie je kunt praten. Als ik het heb over je moeder, vader of tante, denk dan aan iedere volwassene of oudere persoon in je leven die je vertrouwt en met wie je makkelijk kunt praten. Bedenk wie dat voor jou kan zijn, bijvoorbeeld een goede vriendin, een lerares of mentor op school die jij kent en die om jou geeft.

Hoofdstuk 1

Waarom een boek over de
PUBERTEIT?

Ik heb dit boek geschreven omdat ik de laatste dertien jaar in de groepen die ik leid met heel veel meisjes van jouw leeftijd heb gepraat over puberteit en opgroeien. Samen beleven we een dag vol actie waarin we praten, vragen stellen, walgen en lachen om alle veranderingen die in ons lichaam en onze gevoelens plaatsvinden, van puistjes tot schaamhaar, van plaaggeesten tot onze innerlijke kracht en schoonheid. Meestal begin ik de dag met de vraag: 'Wie van jullie wilde vandaag eigenlijk niet komen en is hier alleen maar omdat zij van haar vader of moeder moest komen?' Natuurlijk steekt bijna iedereen de vinger op – meestal omdat ze zich ongemakkelijk, beschaamd en verdrietig voelen over hun opgroeien! (Ik zei toch dat je niet de enige bent!) Tegen het eind van de dag is dat allemaal anders. De meiden vertellen me dat ze zich heel wat geruster en meer voorbereid voelen, omdat we het allemaal samen beleven en het niet zo erg is als ze hadden gedacht. Sommigen (oh, schokkende gruwel) zeggen zelfs dat ze ernaar verlangen om op te groeien en een vrouw te worden. Als ik dat hoor voel ik me blij en trots. Alsof ik een groot stuk chocoladetaart krijg met chocolade-ijs!

Met dit boek kan ik misschien de liefde overbrengen voor mijn werk dat ik samen met pubermeiden zoals jullie doe. En misschien vinden jullie na het lezen van de volgende hoofdstukken dat er een heleboel pluspunten ++++ aan opgroeien zitten. En misschien... let op – gaan jullie dan verlangen naar jullie puberteit! (Oké, ben ik nu te ver gegaan? Misschien zijn jullie er een klein beetje meer op voorbereid.) Bekijk het eens zo: waarschijnlijk zitten jullie midden in de veranderingen, er is geen weg terug, dus jullie kunnen er net zo goed het beste van maken!

Misschien weten jullie al een beetje of juist heel veel over puberteit en het volwassen-worden door jullie ouders of hebben jullie het op school gehoord. Om te beginnen: kunnen jullie zo veel mogelijk woorden bedenken die met het woord 'puberteit' te maken hebben? Misschien willen jullie dit samen met enkele vriendinnen proberen. Schrijf alle woorden op. Kom op, houd je niet in, ik wil alle pikante details over alles wat jullie ooit hebben gehoord. Hier volgen enkele woorden waarmee de meiden uit mijn groepjes kwamen:

MENSTRUATIE • GÊNANT • SMERIG! • VIES • SCHEREN • ONGESTELDHEID • VERANTWOORDELIJKHEID • MAANDVERBAND • ONTHAREN • TAMPONS • DEODORANT • CHAGRIJNIG • BORSTEN • TIETEN • VAGINA (haar daaronder!) • TOETERS • MOPPERAAR • PENIS • PLASGAATJE • PIEMEL • BEHA • HAREN • OKSELHAAR • SCHAAMHAAR • BLOED EN BLOEDEN • LICHAAMSGEUR • HARIGE BENEN! • JOEKELS • MAKE-UP • VOLWASSENHEID • VRIENDJES • BABY'S • NATTE DROMEN • PIJN • GEVOELENS • KRAMPEN

Stonden een paar van deze woorden ook op jullie lijstje?
 In dit boek gaan we op een aantal van deze woorden verder in. Kijk naar de plaatjes die erbij staan. We gaan ook op zoek naar de correcte benamingen voor wat we net hebben genoteerd.
 Bijvoorbeeld, weet jij een ander woord voor ongesteldheid?

Het verhaal van een pubermeid, iets ouder dan 10

Ik ben de eerste om toe te geven dat ik mij, toen ik ongesteld werd, BESCHAAMD, BANG, VERRADEN, IN DE WAR, BOOS, VERLEGEN, VERDRIETIG en CHAGRIJNIG voelde, om maar wat te noemen! Ik had niet echt het gevoel dat ik een avontuur tegemoet ging. Vooral omdat ik totaal onvoorbereid was en me alleen voelde. Niemand had me ooit verteld wat me te wachten stond en wat ik eraan kon doen. Ik dacht dat ik de enige was en ik wilde helemaal niet veranderen. Heb jij ook wel eens zulke gevoelens gehad over puberteit en het 'O'-woord (ja, van ongesteld)?

Daarom heb ik een paragraaf van dit boek 'Bah, ongesteld' genoemd. Dat heb ik de meisjes in mijn groepen zo vaak horen zeggen. Ik denk dat ik nog megabanger was toen ik opgroeide, want niemand vertelde me wat ongesteld-zijn was. Toen het zover was, dacht ik dat ik ziek was of gewond. En toen ik hoorde dat dat iedere maand zou gebeuren – 'Oh nee hè! Mooi niet!!'

Nu ben ik er blij mee, want ik weet dat ongesteld worden mij gezond houdt. Hoe dan? Wel, omdat al die onderdelen van mij die horen bij het volwassenzijn – mijn inwendige geslachtsorganen – goed werken. Maar ongesteld-zijn betekent ook dat mijn beenderen en mijn haren, mijn nagels en mijn huid groeien en gezond zijn. Ik vertel hier meer over in het volgende hoofdstuk.

Ik werd voor het eerst ongesteld toen ik 9 jaar was. Dat klinkt misschien jong, maar de leeftijd waarop meisjes tegenwoordig voor de eerste keer ongesteld worden ligt tussen 9 en 15 jaar. Misschien waren er ook andere meisjes in mijn klas die ongesteld werden, maar over zulke dingen praatten we nooit, dus ben ik het nooit te weten gekomen.

Als ik terugkijk naar die periode denk ik dat we ons minder ongemakkelijk zouden hebben gevoeld over onszelf als iemand zo moedig was geweest er hardop over te praten. Kun jij erover praten met je moeder, vader of een naast familielid? Heb je ten minste één goede vriendin die je vertrouwt en met wie je kunt praten?

Toen ik 9 was, was ik een echte kwajongen, of liever, een jongensmeisje. Ik deed aan atletiek en andere activiteiten buitenshuis. Ik moet bekennen dat ik had ontdekt dat er haar onder mijn armen begon te groeien (ik noemde ze alfalfasprietjes) en dat ik tietjes begon te krijgen, maar ik wist nog altijd niet dat er nog meer veranderingen in mijn lichaam aan zaten te komen. Ik werd... ongesteld – jakkes! Pas toen ik 14 of 15 was vertelde ik het aan enkele vriendinnen als ik ongesteld was. Meestal was dat om te vragen of iemand een maandverbandje of een tampon had. Zelfs dan nog gebruikten we een soort geheimtaal en praatten we fluisterend.

Maandverband en tampons

Toen ik voor het eerst ongesteld werd moest ik natuurlijk ook een maandverband dragen als ik naar school ging. O, dat maandverband, dat witte maandverband! Het had de vorm van een enorme witte rechthoek. We droegen het met een elastieken gordel met aan ieder einde een klemmetje om het op zijn plaats te houden. Als je ze had gezien zou je begrijpen waarom wij ze surfplanken noemden.

Toen ik het voor het eerst droeg, had ik het gevoel dat ik een dubbele boterham in mijn slipje had zitten. Omdat ik het met die elastieken gordel met klemmetjes moest vastmaken, was het verband tegen de tijd dat ik uit de schoolbus stapte en de school inliep, langzaam maar zeker naar boven gegleden en zat het ergens halverwege mijn rug. Daardoor leek het alsof ik een vreemde bult op mijn rug had zitten. Zo gênant!

Ik probeerde kalm te blijven en deed alsof er helemaal niets aan de hand was. Ja hoor, alles is normaal, ik heb alleen maar een vreemde bult op mijn rug. Ik weet nog dat onze juf van de zesde klas ons vertelde over de puberteit en dat we ongesteld zouden worden. Ze zei: 'Meisjes, op een dag gaat er een mandje in jullie lichaam groeien en dat mandje bereidt jullie voor op het krijgen van een baby.'

O, alsjeblieft! Een mand? Ik dacht dat we bij het einde van haar 'mandjesverhaal' allemaal in een mand waren veranderd! We hadden er geen flauw idee van wat zij ons probeerde te vertellen over onze uterus (heb je daar al van gehoord? Nee? Nou, je hoort er gauw meer over!) en over ongesteld-worden. Aahh, gelukkig ben ik volwassen geworden.

Maar een ding was zeker, ik werd ongesteld. Ik zou je niet geloofd hebben mocht je me, toen ik 9 of 10 was, hebben verteld dat ik later praatgroepjes over puberteit met meisjes zou gaan leiden. Of dat ik er zelfs een boek over zou gaan schrijven! Maar hier ben ik dan. En zonder enige twijfel ben jij ook aan het opgroeien. Kijk eens hoe ver je al gekomen bent met opgroeien – je hebt tanden, je kunt lopen, praten, zelf naar het toilet gaan en je kunt surfen op internet (hm, alleen met toestemming, natuurlijk!).

Hieronder volgt een gesprek dat in het meisjestoilet zou kunnen plaatsvinden:

Meisje A (ongesteld): Hé, (kuch, kuch), hm, ik heb geen surfplanken meer (woord voor maandverband). Kan ik er misschien eentje van jou lenen?

Meisje B: Lenen?? Ik wil het niet terughebben als je het gebruikt hebt!

Meisje A: Ssst, nee, nee, ik bedoel: heb je er eentje over voor mij?

Meisje B: Nee, sorry, ik heb geen surfplanken, maar wat dacht je van een minietje (woord voor tampon)? Dat heb ik wel.

Meisje A: Oh, oké, ja, dat is goed, bedankt.

Wist je dat?
Menstruatie komt van het Latijnse woord **menses,** wat maandelijks betekent. Meisjes worden namelijk iedere maand ongesteld.

Volgens astrologen zijn de meeste meisjes ongesteld bij dezelfde maanstand als toen ze geboren werden.

Zelfs terwijl je de volgende regel op deze bladzijde leest en als je de volgende keer ademhaalt, verander je, groei je en word je dat dynamische, prachtige persoontje dat je bent... oeps, je bent net weer een beetje gegroeid, daarnet, toen je met je ogen knipperde.

Schrijven in je dagboek

Heb je een dagboek? Daarin kun je je gevoelens, gedachten en ideeën opschrijven en die zijn echt alleen maar voor jouw ogen bestemd. Je dagboek is als een persoonlijke allerbeste vriendin voor jou alleen – jijzelf!

Schrijf al je gedachten en gevoelens op na ieder hoofdstuk dat je gelezen hebt. Wat je ermee doet moet je zelf weten. Je kunt het helemaal voor jezelf houden, maar je kunt ook sommige dingen die je hebt opgeschreven, delen met iemand en ze bespreken met je moeder of een goede vriendin die je vertrouwt.

Probeer deze simpele oefening:

Schrijf 5 minuten onafgebroken en zonder al te veel na te denken alle gevoelens en gedachten op die je hebt over voor het eerst ongesteld worden. Of, als je al ongesteld bent geweest, over alle dingen die je voelde en dacht toen je het werd. Een goed moment om dit te doen is als je 's morgens wakker wordt en nog slaperig bent. Je kunt het ook samen met een vriendin doen.

Mythen over menstruatie: De goede, slechte en bloederige waarheid.

Eens kijken wat je ervan weet: GOED OF FOUT?

- Mensen zullen het kunnen zien als ik ongesteld ben.
- Je mag niet douchen tijdens de menstruatie.
- Het is heel goed als jongens alles over de menstruatie weten.

- Als ik ongesteld ben mag ik geen fysieke inspanningen doen.
- Als ik menstrueer kan ik gewoon gaan zwemmen.
- Om meer vitamines op te nemen, moet ik meer vlees eten als ik ongesteld moet worden.
- Als ik ongesteld ben moet ik dat geheimhouden.
- Menstruatiebloed is vies.
- Ik mag mijn haren niet wassen als ik ongesteld ben.
- Ik verlies iedere maand heel veel bloed als ik ongesteld ben.

(Antwoorden op bladzijde 14)

Menstruatiemythen kunnen deprimeren

Als ik iets lees over menstruatie in de westerse geschiedenis merk ik altijd dat men menstrueren minderwaardig vond. In de meeste oude medische en religieuze boeken wordt de menstruatie beschouwd als iets waarvoor je je moest schamen. Generaties vrouwen hebben vervelende dingen gelezen over iets dat zo natuurlijk is als ongesteld-zijn! Oude Griekse en Romeinse schrijvers beschreven menstruatiebloed als krachtig en onrein (welja, ik vind alleen het krachtige deel leuk). Ik sta verbaasd over de vele meisjes die denken dat menstruatiebloed vies is, terwijl het in feite het schoonste en voedzaamste bloed is waar nota bene een baby in kan groeien.

De meeste slechte dingen werden door mannen geschreven. En raad eens! Mannen worden niet ongesteld. Misschien waren ze er daarom zo hysterisch over en konden ze niet anders dan negatieve dingen erover schrijven, want het was vreemd voor hen, niet normaal en zelfs beangstigend. Ze zochten naar redenen waarom vrouwen bloedden. Zo werden de volgende ideeën verspreid:

1. Er moest iets minderwaardigs zijn aan de manier waarop vrouwen in elkaar zaten (een beetje raar als je bedenkt dat alle beroemde schilders van vroeger alsmaar vrouwen schilderden en ze tegenwoordig op bijna elk reclamebord verschijnen!).

2. Vrouwen bloedden omdat ze door God vervloekt waren. Oh! Zijn er op die manier niet heel veel vooroordelen ontstaan – over verschillen en het niet-begrijpen of respecteren van verschillen?
3. Vrouwen hadden gewoon te veel bloed, dus moest er iedere maand wat uitkomen.
4. Anderen dachten dat vrouwen menstrueerden omdat ze niet zoveel beweging kregen en buitenshuis kwamen als mannen.
5. Ze dachten dat het bloed uit de baarmoeder (uterus) kwam, omdat de baarmoeder werd beschouwd als het zwakste orgaan van het lichaam, dus was dat de plek waar het meeste bloed naartoe ging.
6. Een tijdje dachten ze dat de baarmoeder zich door het lichaam kon bewegen en zelfs naar de keel van een vrouw kon gaan en daarbij allerlei vreemde medische aandoeningen kon veroorzaken. Dit stond bekend als de 'wandelende baarmoeder'. (Dat klinkt alsof zij een 'wandelend brein' hadden, dat blijkbaar vermist raakte als het hierover ging.)

Deze rare verhalen worden tot op de dag van vandaag nog steeds verteld. Nog tot in de jaren zestig stond er in medische naslagwerken dat vrouwen tijdens hun menstruatie geen bad mochten nemen en ook niet mochten gymmen. Als er altijd angst heeft bestaan over de menstruatie of als ze nooit werd begrepen, hoe kunnen wij dan leren ons goed te voelen over ons lichaam als we bloeden? Wel, lees om te beginnen dit boek! En zorg ervoor dat je de juiste informatie krijgt en dat je er vrij over praat, zodat je gewaardeerd wordt als opgroeiend meisje/vrouw en mogelijk toekomstige moeder.

> 'Ik ben een beetje bang en opgewonden. Omdat ik weet dat ik groter word en zelf kan beslissen over mijn leven, zoals over werk en wat er allemaal gaat gebeuren, met wie ik samen wil zijn. En omdat ik moet aanvaarden dat ik geen kind meer ben.' Lisa, 11

Antwoorden

- Niemand weet dat jij ongesteld bent, behalve wanneer je het zelf vertelt!
- Je kunt gerust een bad nemen en gaan zwemmen. Er kan wat bloed in het badwater komen en tijdens het zwemmen moet je een tampon indoen.
- Natuurlijk mogen jongens alles over menstruatie weten – het is een deel van het leven!
- Je moet altijd blijven sporten – dat je ongesteld bent is geen excuus.
- Je moet in deze periode niet meer vlees eten; je moet er gewoon voor zorgen dat je altijd voldoende eet.
- Je kunt gerust over je menstruatie praten als je dat wilt!
- Menstruatiebloed is schoon!
- Je kunt je hele lichaam wassen tijdens je menstruatie.
- Je verliest slechts zo'n 3 eetlepels bloed – en het is bloed dat bedoeld is om te verliezen!

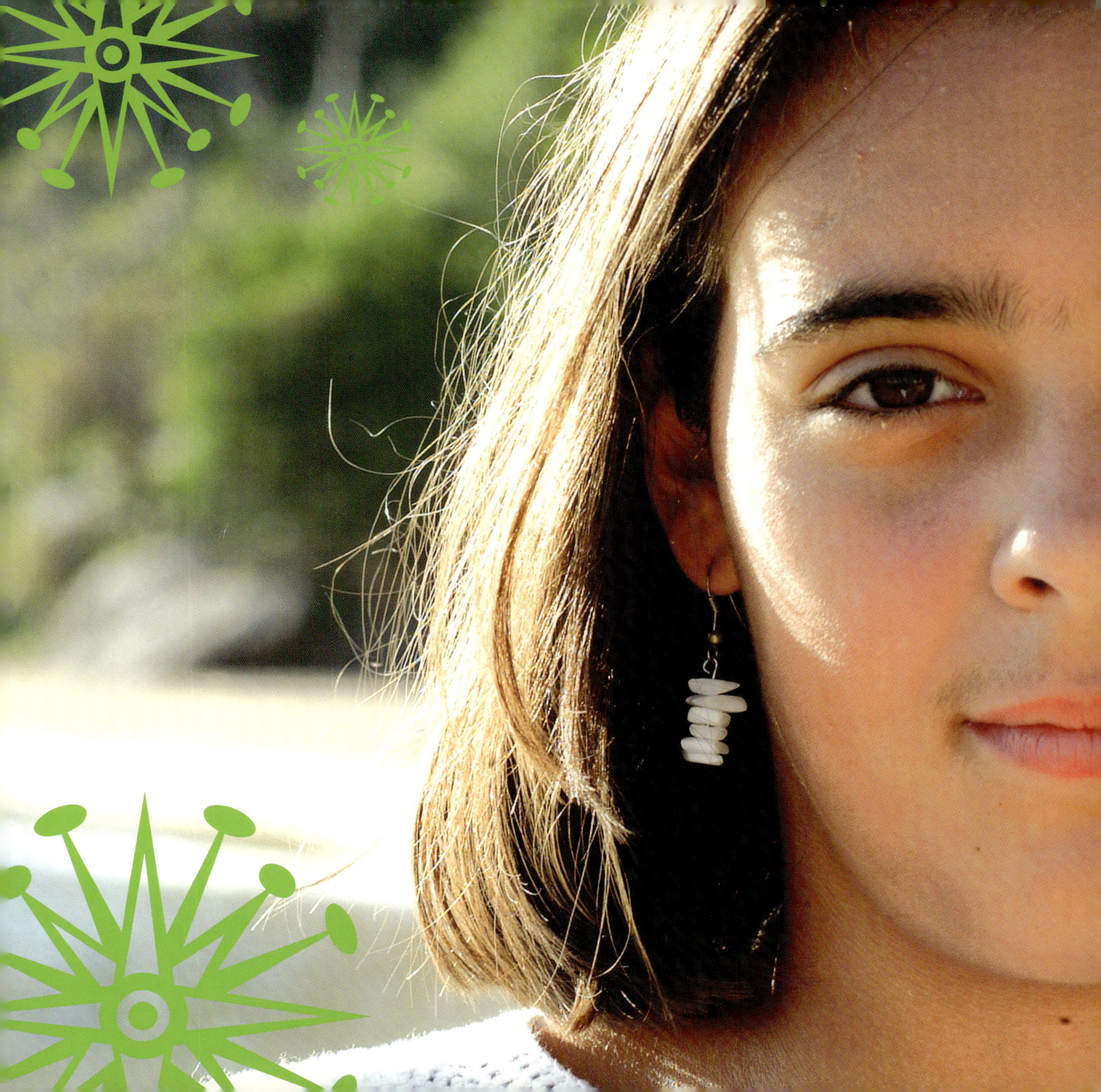

Hoofdstuk 2

OLALA
wat gebeurt er met me?

Meisjes komen gewoonlijk eerder in de puberteit dan jongens. Meestal gebeurt dat tussen 9 en 15 jaar, terwijl jongens tussen 11 en 16 jaar in de puberteit komen (en maak je geen zorgen, met hen gebeurt ook van alles).

Leer je lichaam kennen

Om te kunnen begrijpen wat er tijdens de puberteit gebeurt, wil ik dat je eens goed naar je lichaam kijkt. Zoek thuis een plaats waar je je veilig en alleen voelt en doe je kleren uit. Jakkes! Naakt? Ja, je leest het goed. Leer je lichaam kennen. Jij mag ernaar kijken. Ik zeg niet dat je dit midden in de keuken moet doen, terwijl iedereen aan het eten is. Ik stel voor dat je dit ergens doet waar je je veilig voelt en niet gestoord kunt worden. Waar je de deur op slot kunt doen, zodat niemand binnen kan vallen (vooral niet je jongere zusje of broertje die altijd wil weten wat er aan de hand is als de deur op slot zit). Misschien wil je het doen als je uit bad of onder de douche vandaan komt en je in de badkamerspiegel kunt kijken. Misschien sta je verbaasd van wat je ziet. Misschien zie je wel kleine zachte haartjes groeien in de buurt van je schaamstreek. Of je ziet dat je heupen wat ronder worden.

Je hebt een handspiegel nodig voor het volgende onderdeel, zodat je alles echt van dichtbij kunt bekijken. Doe maar. Niet verlegen zijn. Jij bent het maar die kijkt. Het gaat makkelijker als je een been op de rand van het bad legt om je evenwicht beter te kunnen bewaren of als je op de grond gaat zitten voor de handspiegel. Wat je daar ziet heet overigens je **vulva**.

Wist je dat?

Rond het jaar 1840 was de gemiddelde leeftijd waarop meisjes voor de eerste keer ongesteld werden 16 1/2 jaar. Tegenwoordig is dat 12 jaar. Dat komt omdat onze voeding nu beter is en we ons bewuster zijn van hygiëne, waardoor we gezond blijven en ons vroeger ontwikkelen.

De veranderingen in ons lichaam gebeuren geleidelijk. Meestal worden ze over verschillende jaren gespreid. Daardoor hebben we meer tijd om te wennen aan ons steeds volwassener wordende lichaam. Want stel je eens voor dat je op een ochtend plotseling wakker wordt met borsten! Oeps!

Weet je hoeveel gaatjes of openingen je aan de voor- en achterkant tussen je benen hebt? Is dat: A) 1   B) 4   C) 3   D) 2   E) 6?

Als je E) 6 hebt geantwoord: jakkes, dat zijn er veel te veel!
Als je A) 1 hebt geantwoord: wat? 1 voor alles???
Als je C) 3 hebt geantwoord, dan heb je het goed.

En dan komen hier de drie magische gaatjes!

Wel, ze zijn niet bepaald magisch maar er gebeuren een hoop belangrijke dingen daar beneden, weet je! Allereerst heb je een opening voor je **urinebuis**, waar je urine of plas uitkomt. Je hebt een opening voor je **anus**, waar je ontlasting of poep uitkomt. En in het midden van deze twee zit je **vagina**, waar het bloed uitkomt als je ongesteld bent en misschien komt er ooit een baby uit.

Vulva

Dat hele gebied tussen je benen heet de vulva. Volgens mij is dat een veel makkelijker woord dan iedere keer 'dat hele gebied tussen je benen' te moeten zeggen. Verwar het alsjeblieft niet met Volvo, waarin je ouders jou misschien naar school brengen – het kan een beetje gênant zijn om in gezelschap die twee namen te verwarren.

> **Vulva komt van het Latijnse volva, wat 'bedekken' betekent**

Het Indische woord in Sanskriet yoni wordt vertaald met 'vulva', maar het wordt ook gebruikt om de vagina te beschrijven. Dit oude vrouwelijke symbool werd aanbeden om haar vruchtbaarheid en als bron van elk leven. Het werd ook als krachtig en creatief gezien. Ik hoor je nu al zeggen: 'Ja, dat ben ik! Ik ben een en al kracht en creativiteit!'

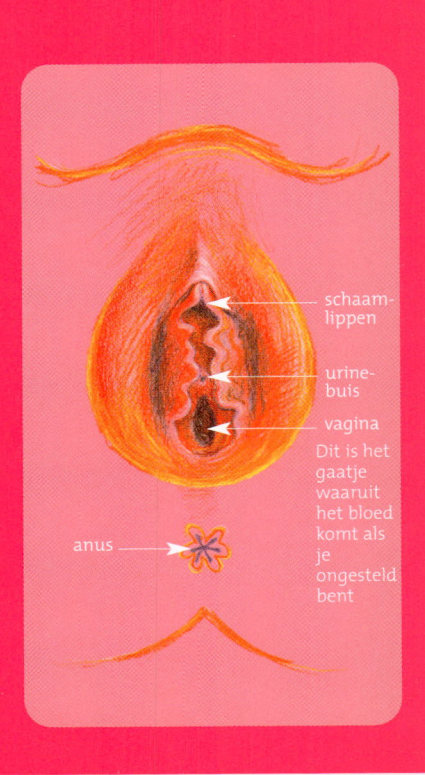

schaamlippen
urinebuis
vagina — Dit is het gaatje waaruit het bloed komt als je ongesteld bent
anus

Als je nog niet compleet bent flauwgevallen of gechoqueerd en nog steeds naar je magische gaatjes zit te kijken met de spiegel in je hand, dan zie je dat je vulva zachte huidplooien heeft die de urinebuis, de vagina en de clitoris bedekken. Deze huidplooien heten de **labia** (Latijn voor (schaam)lippen). Er zijn twee paar lippen: de grotere buitenste huidplooien heten **labia majora** (grote schaamlippen), en de kleinere binnenste huidplooien heten **labia minora** (kleine schaamlippen).

Waarom hebben wij die schaamlippen? Wel, ze zijn belangrijk omdat ze onze vagina beschermen tegen vuil of ziektekiemen die onze vaginale opening kunnen binnenkomen. Ze beschermen ons tegen bacteriële infecties als we ongesteld zijn. Bovendien zijn ze een zachte bescherming voor de vaginale opening als we zwanger zijn. Dus, vandaar, veilig voor ons en veilig voor de eventuele baby die erdoor moet.

De clitoris — de parel aan de kroon

Waar onze labia minora (kleine schaamlippen) bij elkaar komen boven aan de vulva, steekt de **clitoris** of de kittelaar, een klein, supergevoelig orgaan, iets naar buiten. Ze is ongeveer zo groot als een erwt. Door de eeuwen heen hebben mensen er grappige namen aan gegeven, zoals 'de parel aan de kroon' – misschien omdat ze aan de kroon van de vulva zit. Het geeft zo'n ontzettend plezierig gevoel als je haar aanraakt. Misschien heb je haar toevallig ontdekt bij het wassen. Of... je hebt je lichaam al onderzocht en je weet al een tijdje dat zij daar zit.

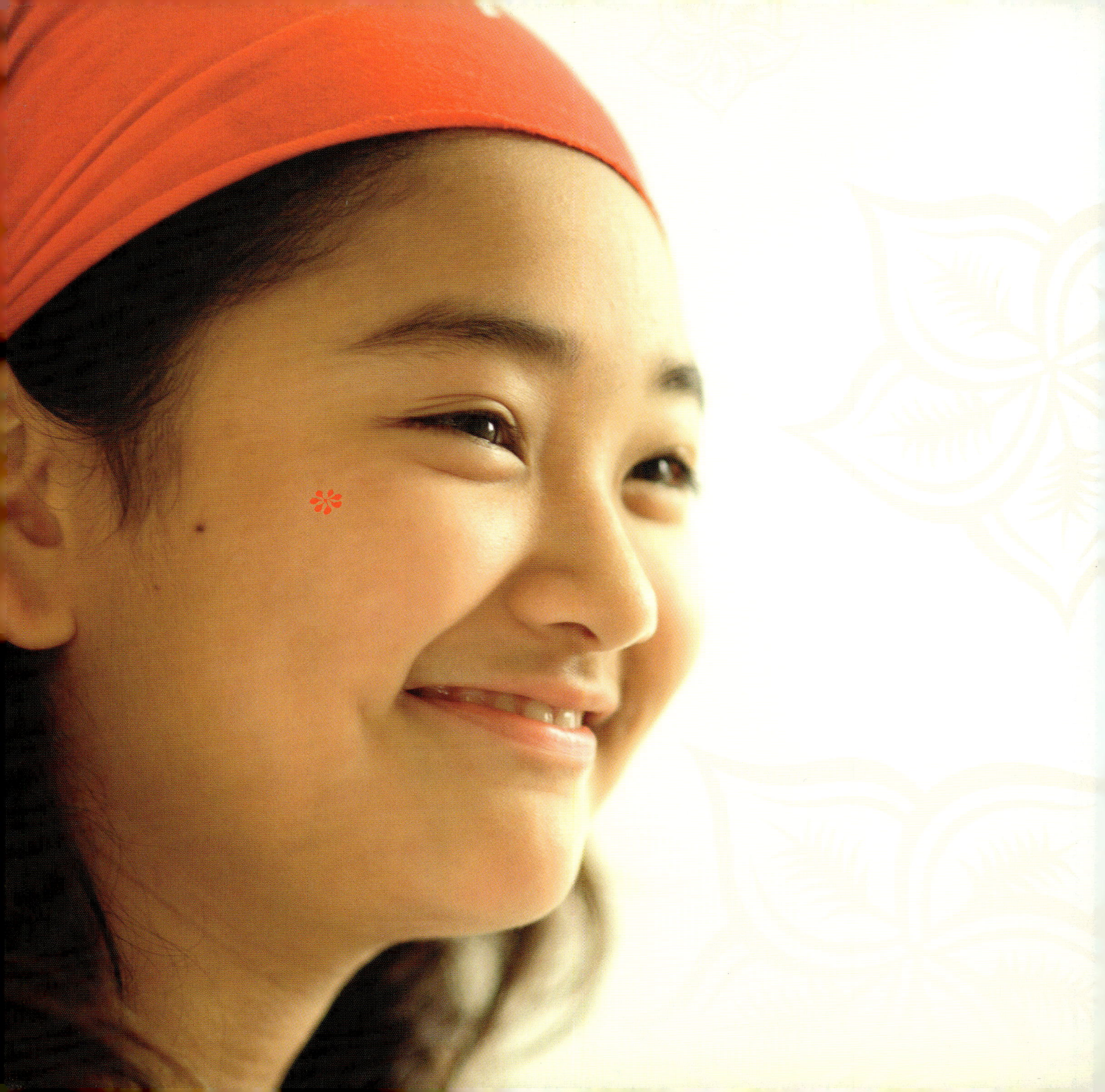

Als ik in de groep vertel over de clitoris, knikken de meisjes die dit plekje al hebben gevoeld veelbetekenend. Zoiets als: ' ... mm mm, ja, ik weet beslist dat ik die heb!' En dan kijken er andere meisjes naar me alsof ik ze heb uitgelegd hoe ze Swahili onder water moeten spreken!

Als je niet weet waarover ik het heb, dan is het echt heel nuttig als je in de badkamer voor een handspiegel gaat zitten. Op bladzijde 22 staat een illustratie, maar het is altijd beter het in het echt te zien.

Je weet wanneer je je clitoris hebt gevonden, want het is echt een heel gevoelig plekje. Het kietelt zelfs een beetje als je het aanraakt. Dat komt omdat ze heel veel zenuwcellen bevat. Wanneer we onze clitoris aanraken en erover wrijven, kunnen we opgewonden raken en een warm gevoel vanbinnen krijgen. De clitoris staat bekend als ons eigen genotsplekje. Wanneer we onszelf dat genot geven, heet dat masturberen. Dat kan op elke leeftijd gebeuren. Kinderen kunnen het soms doen als ze gaan slapen om zich prettig te voelen. Onszelf op die manier aanraken is een veilige en persoonlijke manier om onszelf te plezieren.

De V van victorie! En ook van vagina!

Waarom is het zo moeilijk om dat woord hardop te zeggen? In mijn pubergroepjes fluisteren de meisjes het nauwelijks of ze barsten al uit in een hysterisch gelach of ze vervallen in een verwarde stilte. Wel, ik zeg: 'Vagina, vagina, vagina!' Schreeuw het van de daken. We zijn daar bijna allemaal uitgekomen en zonder dat zouden we er niet zijn!

Misschien heb je al heel veel namen voor vagina gehoord. Daarom vinden we het misschien zo moeilijk om het V-woord hardop te zeggen. O ja, er zijn in de geschiedenis een aantal heel interessante woorden voor vagina verzonnen, waarschijnlijk omdat men niet in staat was om het woord vagina uit te spreken. Lees het lijstje maar eens op de volgende bladzijde en kijk of je er nog een paar kent die er niet bij staan.

Onze vagina is het gaatje of de opening die de buitenkant van ons lichaam verbindt met de binnenkant van ons lichaam.

Ze bestaat uit sterke, uitrekbare spieren die uiteindelijk tot 10 cm kunnen uitrekken om het hoofdje van een baby door te laten. Oef!

Het gaatje dat we aan de buitenkant kunnen zien, gaat naar de vaginale doorgang die naar onze **cervix (baarmoederhals)** leidt. Dat is de hals van onze **uterus (baarmoeder)**. In de uterus groeit de foetus uit tot een baby. Tijdens onze menstruatie komt er iedere maand bloed, slijmvlies en weefsel langs naar buiten.

Nu je alle technische termen kent, kunnen we gaan kijken naar enkele veranderingen die je lichaam tijdens de puberteit ondergaat. Ik heb die veranderingen **wegwijzers** genoemd, want sommige ken je misschien al. Het zijn alle tekenen van het begin van de puberteit en de menstruatie.

> Twee jaar na onze eerste menstruatie houdt onze ruggengraat op met groeien. Nadat we ongesteld zijn geworden, groeien we nog zo'n 5-7 cm.

kut(je) * gleufje * spleetje * mossel * doos * poesje * gaatje * ding * sneetje * daar beneden * yoni * pruim * muts

clitoris

Wegwijzers voor de pubermeid
Heb je al een van de volgende dingen opgemerkt?

1. Huid en haar worden vetter
Krijg je enkele kleine (of grote) puistjes in je gezicht? Gewoonlijk verschijnen ze op je voorhoofd, je neus en je kin — bekend als je **T-zone**.

2. Je wordt breder en zwaarder
Dit is een van de eerste dingen die je vermoedelijk bij jezelf kunt zien rond de puberteit. Je wordt groter, maar vooral zwaarder. Over het algemeen worden we voor de puberteit 1-2 kilo zwaarder rond ons middel. Maar wacht, we kunnen wel 10 kilo aankomen tijdens de 6 maanden voor en na onze puberteit. Onze dijen, heupen, borsten en bips worden zwaarder, ook wel onze typisch vrouwelijke lichaamsdelen of

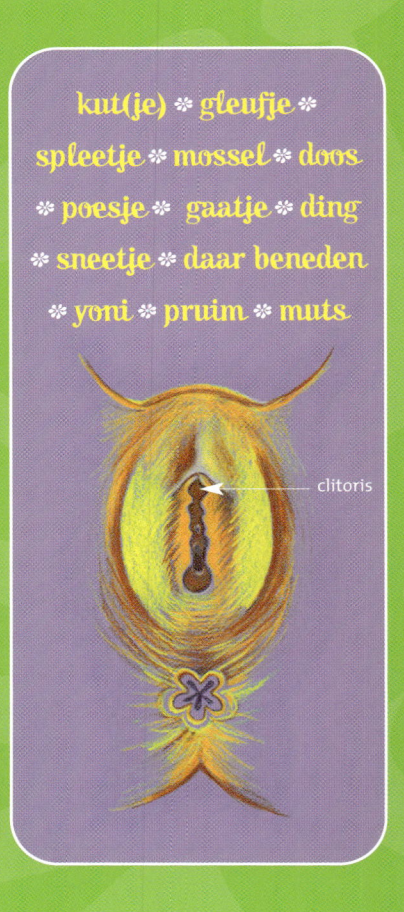

geslachtshormoonafhankelijke gebieden genoemd. Misschien vraag je je nu af: 'Maar, maar, waarom krijgen we niet gewoon dikkere tenen of dikkere oren?!' Onthoud dat er in je lichaam heel grote veranderingen plaatsvinden en die hebben allemaal een effect op hoe we er aan de buitenkant uitzien. Als het je kan troosten: alle meisjes maken hetzelfde mee.

Ja, ja, écht waar!!! Misschien roep je: 'Waarom toch??' Ga maar eens zitten, dan zal ik het je vertellen. Dat komt omdat we meer trek krijgen en tegelijkertijd minder groeien. Er is een reden voor al deze dwaasheid – ons lichaam is zijn voorraadkamer aan het vullen om het klaar te maken voor de menstruatie of de ongesteldheid.

Samengevat, het mannelijke geslachtshormoon **testosteron** zorgt bij jongens voor een verlies van vet en de ontwikkeling van spieren. De vrouwelijke geslachtshormonen **oestrogeen** en **progesteron** zorgen bij meisjes voor meer vet en niet zo'n grote groei van de spieren.

Tja, dat is de natuur. Dat jij rondere vormen krijgt is de natuurlijke manier van ons lichaam om zich voor te bereiden op een eventuele baby. Ik vertel je eerst het slechte nieuws, zodat we dat achter de rug hebben. Maar laten we eerst wat vragen beantwoorden over **babyvet**.

En ze noemen het BABYVET

Ik krijg vaak veel vragen over dik-worden en het is altijd moeilijk om een duidelijk antwoord te geven. Hoe kan ik dat tactvol zeggen? Meiden, dat ongelukkige babyvet is een beetje een mythe. Veel ervan komt gewoon door te veel eten en te weinig bewegen. En het helpt je niet om extra aan

Hoe beweeg jij het liefst?
Tapdans * salsa * jazzdance * ballet (of welke dans dan ook!) turnen * voetbal * aerobics * yoga * handbal * basketbal * taekwondo * karate * wandelen * joggen * de hond uitlaten * voeg er zelf iets aan toe als ik iets vergeten ben.

te komen rond je GHAG (geslachtshormoonafhankelijke gebieden) tijdens de puberteit. De boodschap is: eet gezond, beperk vet eten, beperk de suikers en beweeg voldoende, dan zul je niet veranderen in een Teletubbie!

Wat meer cha in je chachacha!

Als je al aan sport doet, gezond eet (dat wil zeggen veel fruit en groenten, geen chocoladecake) en ervoor zorgt dat je fit blijft, dan ben je goed bezig. We moeten allemaal iedere dag aan beweging doen. Dat zorgt ervoor dat het vet, dat wij zo goed kunnen opslaan, in spieren verandert! Dus leef je uit en stop wat meer energie in je manier van lopen.

3. Groeipijnen — handen en voeten worden groter

Hm... die vreemde groeipijnen die net zo snel weggaan als ze zijn gekomen en dan weer ergens anders tevoorschijn komen!

Groeipijnen kun je tijdens twee stadia in de groei krijgen. De eerste keer als we nog heel klein zijn, 3-5 jaar, en de tweede keer rond de puberteit, als we 8-12 jaar zijn. Het is niet helemaal duidelijk hoe dat komt. Het is geen pijn in de beenderen en zover ik weet duurt het ongemak nooit lang. Over het algemeen groeien we eerst in de lengte en later in kracht. Onze spieren zijn nog niet sterk genoeg om onze groeiende beenderen te ondersteunen.

Tijdens de puberteit groeien onze voeten en handen het eerst, want in die volgorde gaat het nu eenmaal. Sommige delen van ons lichaam groeien sneller dan andere. Onze gelaatstrekken worden pas later langer en als laatste groeit onze ruggengraat. Daardoor zie je soms tieners met een kort lichaam en met heel grote voeten. Maak je geen zorgen, op een gegeven ogenblik haalt de rest wel weer in. Stel jezelf gewoon voor als een rups die zich een weg knaagt door de puberteit en ter voorbereiding een voorraadje aanlegt om er later als een vlinder uit te komen!

'Je wordt onafhankelijk. Je leert je eigen leven leiden. Je gaat je eigen geld verdienen en koopt een huis voor jezelf.' Tamara, 10

4. Meer vetweefsel in de borsten — er ontstaan kleine knopjes en de tepel wordt een beetje donkerder dan de rest van de borst

Als je okselhaar krijgt, zul je waarschijnlijk ook merken dat je borsten kleine knopjes gaan vormen. Dat klinkt schattig. Kleine borstknopjes, als bloemetjes. Dit zijn kleine vetknobbeltjes onder de tepels die wat gevoelig kunnen zijn. Ook worden de tepel en het gebied rond de tepel, **de areola (het tepelhof)**, een beetje donkerder en dikker. Dat gebeurt omdat een baby eraan moet kunnen zuigen om melk te drinken. Alle zoogdieren hebben borsten en mensen zijn daarop geen uitzondering. Borsten, de klieren die melk produceren, gaan bij meisjes rond de puberteit groeien. Ze bestaan uit vet en ander weefsel dat de zenuwen, bloedvaten en melkklieren (kleine kanaaltjes) omgeeft en beschermt.

Wanneer je borsten zich gaan ontwikkelen verschilt bij meisjes onderling. Sommige meisjes beginnen borsten te krijgen als ze 8 zijn, bij andere meisjes begint het op 14 jaar. Het duurt gewoonlijk 4 tot 5 jaar voor je borsten volgroeid zijn.

Jongens kunnen je met je borsten plagen, maar vaak groeien ook hun borsten een beetje. Tijdens de puberteit zorgen de hormonen in het lichaam ervoor dat de borsten groter worden. Het verschil is dat dit bij jongens gewoonlijk tijdelijk is.

Borsten zijn wonderlijke dingen! Kunstschilders, beeldhouwers, filmmakers en liedjesschrijvers worden er altijd weer door gefascineerd.

De verschillende stadia van de groei van de borst (zijaanzicht)

Melkkanalen (melkklierweefsel)
Tepel
Areola of tepelhof

Als je je afvraagt hoe je borsten er later zullen uitzien, moet je eens naar die van je moeder, je tante of je oma kijken. Zo krijg je een idee hoe groot jouw borsten later worden en welke vorm ze krijgen. Probeer dat niet al te opvallend te doen, niet met open mond en met uitpuilende ogen!

Je ABC en D's van bh's — voluit 'bustehouders' genoemd!

Borsten zijn er in allerlei soorten en maten. Dus zijn er ook beha's in maten die passen om de breedte van je rug (het cijfer op het label) en de grootte van je borst (die cupmaat wordt genoemd; ze zijn er in A, B, C of D). Geloof het of niet, maar mijn oma had cup DD – mag jij raden van wie ik mijn borsten heb!?!

Toen mijn borsten rond mijn elfde gingen groeien, liep ik altijd met gebogen schouders en een ronde rug in een poging ze te verbergen. Tot mijn grote ergernis waren mijn borsten van het soort 'supersappige mango' en niet van het soort 'supersappig kersje'. Ik was jaloers op meisjes met kleine borsten die gewoon zonder beha in een T-shirt of topje konden rondlopen. Ik schaamde me zo ontzettend erg. Pas later kwam ik erachter dat mijn vriendinnen met de kleine tietjes verschrikkelijk graag grotere wilden hebben. Als ze uitgingen propten ze altijd zakdoekjes in hun beha's om hun borsten groter te doen lijken. Wat ik toen leerde was dat jongens me om mijzelf leuk vonden en niet omdat ik aan een bepaald beeld voldeed (nu ja, in ieder geval de jongens die de moeite waard waren!). Het duurde jaren voor ik rond durfde te lopen met rechte schouders en me niet meer schaamde. Ik hoop dat jij dat sneller doet als je er al niet overheen bent. Lees het hoofdstuk 'Je lichaam is business'. Dat gaat over je goed voelen in je lichaam.

De gekste beha die ik ooit heb gezien was toen een van mijn leraressen op school verscheen in een hemdje dat een beetje doorschijnend was. In plaats van een beha had ze pleisters over haar tepels geplakt! Ai, ai, ai! Ik kreeg een stijve nek van ernaar te kijken. Jammer dat ze in die tijd geen topjes hadden, want dat was een goede

---

Borsten hebben in de loop der jaren heel wat namen gekregen. Hier zijn er een paar die je kunt tegenkomen!

Flessen of melkflessen ❀ toeters ❀ tieten ❀ tietjes ❀ boezem ❀ koplampen ❀ joekels ❀ meloenen ❀ sappige mango's ❀ veel hout voor de deur hebben

Je kunt je eigen woorden verzinnen of ze, net als ik, borsten noemen.

'Op mijn school praten de meeste meisjes voornamelijk over make-up, kleren en hoe ze eruitzien. Ik wilde mijn benen niet scheren alleen maar omdat de andere meisjes dat ook deden. Ik had bijna geen haar op mijn benen en ik had gehoord dat als je ging scheren de haren dikker en sneller terugkomen.'

Tessa, 12

oplossing voor die lerares geweest. Topjes en sportbeha's zijn hartstikke fijn als je borsten net beginnen te groeien.

Oefenbeha's

Sommige meisjes krijgen een oefenbeha als ze in de puberteit komen. Dat is als een soort borstenversie van een fietsje met zijwieltjes tot je verder kunt naar de echte lingerie en die bestaat in veel variëteiten! Als je echt een goed zittende beha wilt en je niet precies je maat kent, kun je die laten meten in een lingeriezaak of warenhuis. Dat wordt gedaan door iemand die er verstand van heeft en meestal is dat een vrouw. Ze meet je borstomvang onder je borsten en rond je rug voor de juiste maat beha. Daarna meet ze de cupmaat, A, B, C of D. Dat doet ze door over je borsten te meten waar je tepels zitten.

Daarna geeft ze advies en laat ze je een aantal beha's zien in een bepaalde stijl of van een bepaald merk die je mag proberen. Er zijn ongelofelijk veel soorten 'fraaie lingerie' te koop. Het lijkt wel op een bistro voor beha's. En de fabrikanten komen steeds weer met nieuwe ideeën om je borsten kleiner of juist groter te doen lijken en met allerlei frutseltjes en franjes. Nu ja, dat is – denk ik – in ieder geval beter dan die goede, slechte, oude tijd van kromme schouders en zakdoekjes in de beha, hoewel zakdoekjes wel een stuk goedkoper zijn.

5. Hier een haar, daar een haar, overal een haar: de haren op je benen worden een beetje dikker; okselharen beginnen te groeien, je krijgt schaamhaar

Ongeveer 6 maanden nadat je borsten zich beginnen te ontwikkelen kunnen er haren gaan groeien rond je vagina of de streek rond je geslachtsdelen. Dat wordt **schaamhaar** genoemd. Soms gaan deze veranderingen zo langzaam dat we ze nauwelijks opmerken. In het begin zijn deze haren heel zacht en donzig. Geleidelijk aan worden ze

De groei van het schaamhaar

Voor de groei

Zacht, donzig haar

Haar dat dikker wordt.

Meer groei

Volwassen schaamhaar

Hoewel deze wegwijzers aangeven dat je lichaam zich klaarmaakt voor de grote dag, is het moeilijk precies te voorspellen wanneer je voor het eerst ongesteld zult worden. Het is alsof je vraagt op welke dag in de herfst de bomen hun bladeren laten vallen. Het is bij iedereen verschillend, omdat we allemaal grandioos uniek zijn. Gedeeltelijk hangt dit proces af van onze lengte en ons gewicht, want onze lichamen zijn ontzettend slimme machines en het moet in de juiste conditie zijn voor de menstruatie kan beginnen. Het enige wat je kunt doen is jezelf voorbereiden door zo veel mogelijk informatie te verzamelen en te letten op een van deze wegwijzers.

dikker en bij sommige mensen heel krullerig. Deze kroezige schaamharen zijn een zachte, veerkrachtige bescherming voor onze gevoelige vulva er vagina.

Als je je arm omhoogbrengt, zie je dat de huid daar verbonden is met het borstweefsel. Het haar dat daar groeit is een vorm van bescherming voor het tere gebied rond je borst. Vooral als je borsten gevoeliger worden tijdens de menstruatie of als vrouwen borstvoeding geven.

Onze oksel- en schaamharen zijn waarschijnlijk overblijfselen uit de prehistorische tijd toen ons hele lichaam nog met haar was bedekt. Volgens mij was dat voor er ontharingswas voor okselhaar werd uitgevonden. Nu ik het erover heb – misschien wil je nadenken over wat je wilt – waxen, scheren of gewoon naturel door het leven gaan. Dat is je eigen keuze. Hoewel je oksels een beetje zweterig kunnen zijn met die haren, gaan ze niet meer of minder ruiken als je ze weghaalt. En denk eraan... er is altijd zeep en deodorant.

De laatste wegwijzer... wat kleverig, doorzichtig geelachtig slijm in je slip

Dit heet **afscheiding** of **witte vloed** en is een van de laatste tekenen van de veranderingen in je lichaam voor je voor het eerst ongesteld wordt. Meestal kun je je menstruatie verwachten ongeveer 6 maanden nadat je voor het eerst witte vloed hebt gekregen. Maar maak je geen zorgen als het dan niet gebeurt, het kan heel erg verschillen – we zijn allemaal anders.

Die afscheiding is een vloeibaar slijm dat niet alleen in onze vagina, maar ook in andere delen van ons lichaam zit, bv. het spul dat uit je neus loopt. Het heeft een beetje een smerende werking, het is een soort glijmiddel. Ja, ja, ik weet het, ik zeg weer smerige dingen.

Het slijm in onze vagina komt van het slijmvlies van de uterus of baarmoeder. Het is nat, want er zit behalve ander spul ook water in. De dikte van het slijm en hoe het eruitziet verandert steeds tijdens de menstruatiecyclus – soms is het dun, helder en heel vloeibaar en lijkt het een beetje op snot uit je neus en andere keren is het dikker en wit en ziet het er kleverig uit. Het vrouwelijke hormoon progesteron is verantwoordelijk voor wat het doet en hoe het eruitziet.

Als je een of meer van deze veranderingen bij jezelf hebt gezien... GEFELICITEERD... je staat op het punt een pubermeid te worden!

Ik herinner me dat ik heel erg verbaasd was toen ik tijdens het douchen wat zachte haartjes onder mijn armen tevoorschijn zag komen. Dat was kort voor ik ongesteld werd. Ik keek nietsvermoedend naar beneden en... Wat!?... Waar kwamen die nu ineens vandaan?
Sarah, 12

Meiden, als je het even niet weet, geef de hormonen maar de schuld. Heb ik een slechte bui? Dat zijn de hormonen. Wil ik die dikke plak chocoladecake opeten? Dat zijn de hormonen. Heb ik meer haren op mijn lichaam gekregen? Dat zijn de hormonen. Krijg ik een vettere huid, vettere haren en puistjes? Maar natuurlijk, dat komt allemaal door de hormonen! Ze kunnen rare dingen doen met ons lichaam, echt waar. Het ene moment ben je een aardig meisje dat zich met haar eigen zaken bemoeit, alles goed voor elkaar heeft en wat gebeurt er dan? Je wordt dikker, krijgt overal haren, krijgt borsten en je wordt een... 'PUBERMEID!'

Hoofdstuk 3

De grote M

Nee, ik heb het niet over McDonald's, ik heb het over die andere grote M – van menstruatie – een ander woord voor ongesteldheid. Ons lichaam gaat door allerlei cyclussen die heel erg op de cyclussen van de natuur lijken – van dag naar nacht, van nieuwe maan naar volle maan, van lente naar winter. Ons lichaam heeft cyclussen voor de spijsvertering, voor de groei van de nagels en haren en natuurlijk de maandelijkse cyclus van onze menstruatie.

Onze menstruatiecyclus is net als de meeste cyclussen in de natuur: er begint zich iets nieuws te vormen, het komt tot rijping en gaat dan geleidelijk aan dood, zodat het allemaal opnieuw kan beginnen. We hebben in hoofdstuk 2 gepraat over sommige veranderingen die we aan de buitenkant kunnen zien. Onze menstruatiecyclus heeft te maken met een heleboel veranderingen binnen in onze geslachtsorganen. Deze cyclus duurt gewoonlijk tussen de 25-35 dagen.

Oude woorden voor ongesteldheid

Er zijn een heleboel gekke en originele woorden voor ongesteldheid. Toen ik jong was gebruikten we op het speelplein nooit echt het woord ongesteldheid of menstruatie. Rechts staan een aantal woorden die onderdeel waren van de geheimtaal die we spraken, zodat niemand wist waarover we het hadden – vooral niet als er jongens in de buurt waren! Ik heb er nog een paar bijgezet die ik in de loop der jaren heb gehoord.

De feiten over de menstruatiecyclus op een rijtje

Als ons lichaam klaar is voor het begin van de menstruatiecyclus sturen onze hersenen een boodschap naar onze voortplantingsorganen via een kliertje dat de hypofyse heet. De **hypofyse** zit aan de onderzijde van onze hersenen. Als we de röntgenogen van een supervrouw zouden hebben en in ons lichaam konden kijken naar onze voortplantings-organen of inwendige geslachtsorganen, zouden we zien dat we twee klieren

Opoe is op bezoek ❋ de (rode) vlag waait of hangt uit ❋ de tijd van de maand ❋ maandstonden ❋ regels ❋ ongesteld zijn ❋ je-weet-wel ❋ het

hebben die de **eierstokken** heten, ieder aan een kant van ons bekken, twee **eileiders** en een baarmoederhals die naar een holle spier, de baarmoeder, leidt.

Als ons lichaam er klaar voor is om ongesteld te worden, begint de hypofyse in onze hersenen een praatje te maken met onze geslachtsorganen. Dat doet ze door middel van chemische boodschappers in ons bloed, de **hormonen**. De twee belangrijkste hormonen bij meisjes zijn de **oestrogenen** en het **progesteron**. Dat praatje gaat ongeveer zo:

1. **'Hersenen aan eierstok, hersenen aan eierstok, hoor je me? Tijd om een eitje te laten groeien.'** Met behulp van de oestrogenen sturen de hersenen een boodschap naar een van de eierstokken om een eitje (of **ovum**) te laten groeien. Dan laat de eierstok ongeveer 10 tot 20 eitjes (**ova**) groeien, die groter worden met het hormoon oestrogeen.
2. **'Eierstok aan uterus, laat wat baarmoederslijmvlies groeien en zorg dat het zacht is, voor het geval...'** De eierstok stuurt ook een boodschap naar de baarmoeder om baarmoederslijmvlies te laten groeien met het hormoon progesteron. Als je een vuist maakt, krijg je een redelijk idee van de grootte van je baarmoeder. Het is een sterke, rekbare spier die vanbinnen hol is. Ze is verbonden met de baarmoederhals die weer verbonden is met de vagina. Ze is hol omdat het de plaats is waar een bevrucht eitje kan uitgroeien tot een foetus en uiteindelijk een baby wordt.

Dit slijmvlies van de baarmoeder bestaat uit weefsel, slijm en bloed en kan 1 cm dik worden. Het is er als voorbereiding voor het geval er een baby zou groeien. Als er geen baby is, wordt het slijmvlies op natuurlijke wijze afgebroken. Dat is het bloed dat we zien als we ongesteld zijn. Het slijm lijkt op het plakkerige spul dat je in je zakdoek ziet als je je neus snuit. Jakkes, bah! Maar het zou niet goed zijn als we het niet hadden, want het is een zacht, beschermend smeermiddeltje.

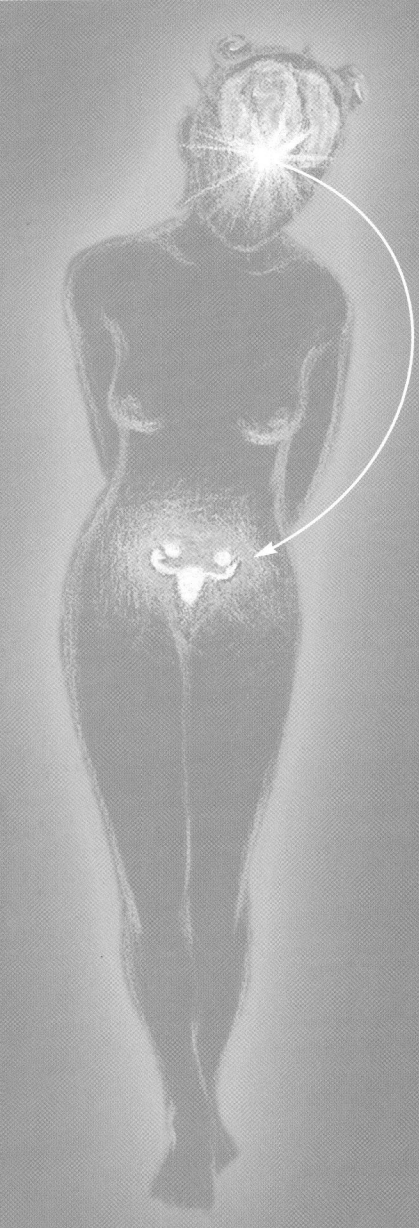

De hersenen sturen een boodschap naar de eierstokken om een eitje te laten groeien.

3. **'Eierstok aan hersenen, het eitje is gegroeid en wacht op instructies, over.'** Als een eitje of ovum groot genoeg is geworden laat de eierstok dat aan de hersenen weten. Op dit ogenblik is het slijmvlies in de baarmoeder klaar om een mogelijk bevrucht of onbevrucht eitje te ontvangen. Een onbevrucht eitje sterft af en komt tijdens de menstruatie naar buiten. Maar voor het zover is gaan we terug naar het praatje tussen onze hersenen en de eierstokken.

4. **'Hersenen aan eierstok, hersenen aan eierstok, laat het eitje vrijkomen!'** Het grootste, stevigste eitje gaat uit de eierstok, komt in de eileider en wordt door fijne haartjes opgevangen en verder naar beneden gedragen. Alle andere eitjes die waren gaan groeien, worden weer kleiner en verdwijnen in de eierstok.

Dit hele proces heet **ovulatie of eisprong** en duurt 11-21 dagen. Als het eitje niet wordt bevrucht, is dit wat er de volgende 14 dagen gebeurt:

5. **Het eitje komt in de eileider terecht.** 'Zo, we hebben het eitje. Wat een schatje is het! Het eitje is veilig en gezond en rust. Het wacht op eventueel sperma (dat is het mannelijk zaad) – hopsasa!'

Aan het einde van de beide eierstokken zit een opening met kleine franjeachtige tentakeltjes die een beetje op zeeanemonen lijken en die het eitje in de eileider brengen. In de eileider zitten fijne haartjes of follikels die het eitje opvangen en verder door de eileider voortbewegen. Hier blijft het eitje ongeveer 2-3 dagen rusten. Het wacht omdat het hier een spermacel kan tegenkomen en bevrucht kan worden. Overigens, dat kan alleen maar gebeuren als een man en een vrouw samen seks hebben. Als dat het geval is en het eitje wordt bevrucht, gaat het naar de baarmoeder, hecht zichzelf vast aan dat prachtige zachte slijmvlies dat daar is gevormd, gaat groeien en wordt een embryo, een foetus en uiteindelijk een baby. Dat zijn jij en ik, gekkie, we hebben allemaal die wonderlijke allereerste reis gemaakt!

Maar laten we even de rem erop zetten en terugspoelen! Zzzzzppp! Voor jullie meiden is het op dit moment het belangrijkste

1. 'Hersenen aan eierstok, hoor je me?'
2. 'Eierstok aan hersenen, laat slijmvlies groeien.'
3. 'Eierstok aan hersenen, het eitje is gegroeid.'
4. 'Hersenen aan eierstok, laat het eitje vrijkomen!'
5. Het eitje komt in de eierstok terecht.

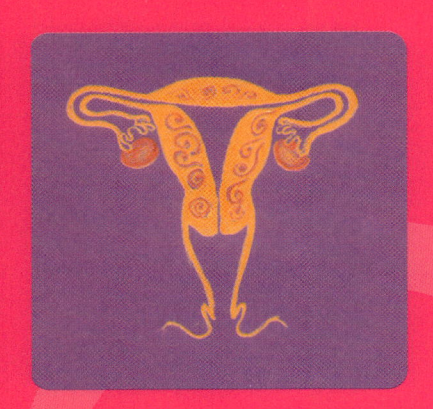

om te weten dat het onbevruchte eitje langzaam afsterft en in de baarmoeder opgenomen wordt.

6. **De laatste woorden van het stervende eitje:** 'Dag, dag, lieve wereld, hou van jullie, ik ga nu, leuk jullie te hebben ontmoet.' Tijdens de 14 dagen die hierop volgen, wanneer het eitje afsterft, wordt het slijmvlies in de baarmoeder geleidelijk afgebroken en laat het los. Het bloed, het slijm en het weefsel waaruit dit slijmvlies bestaat, begint door de baarmoederhals naar beneden te druppelen en komt vervolgens door de opening van onze vagina naar buiten en.... tada! – we zijn ongesteld of we menstrueren.

De hele menstruatiecyclus duurt tussen de 25 en 35 dagen. De cyclus begint op de eerste dag van de ongesteldheid en duurt tot de eerste dag van onze volgende.

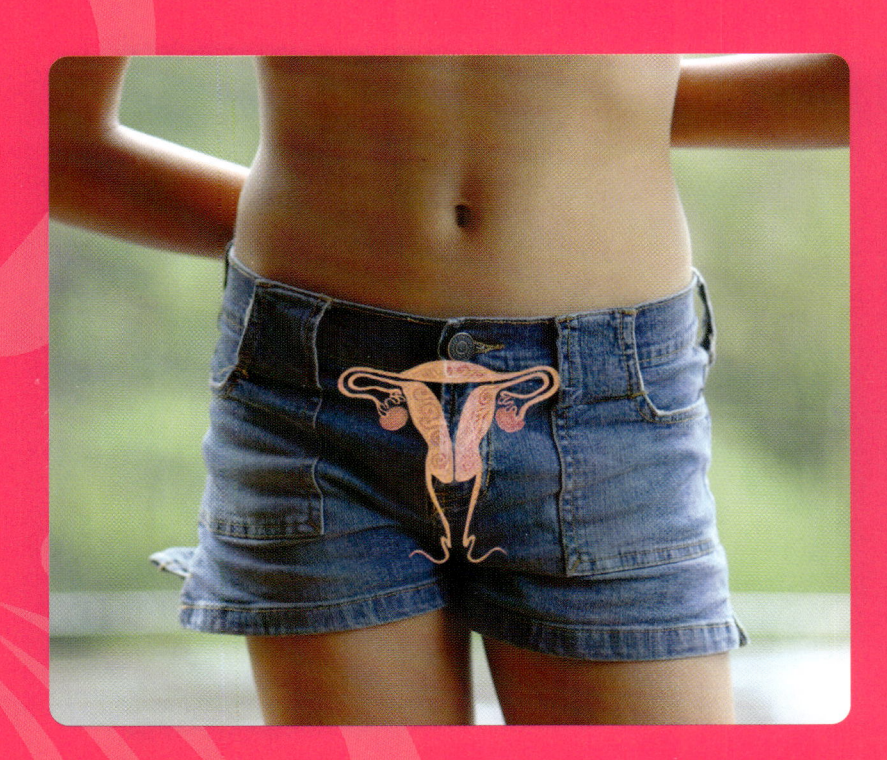

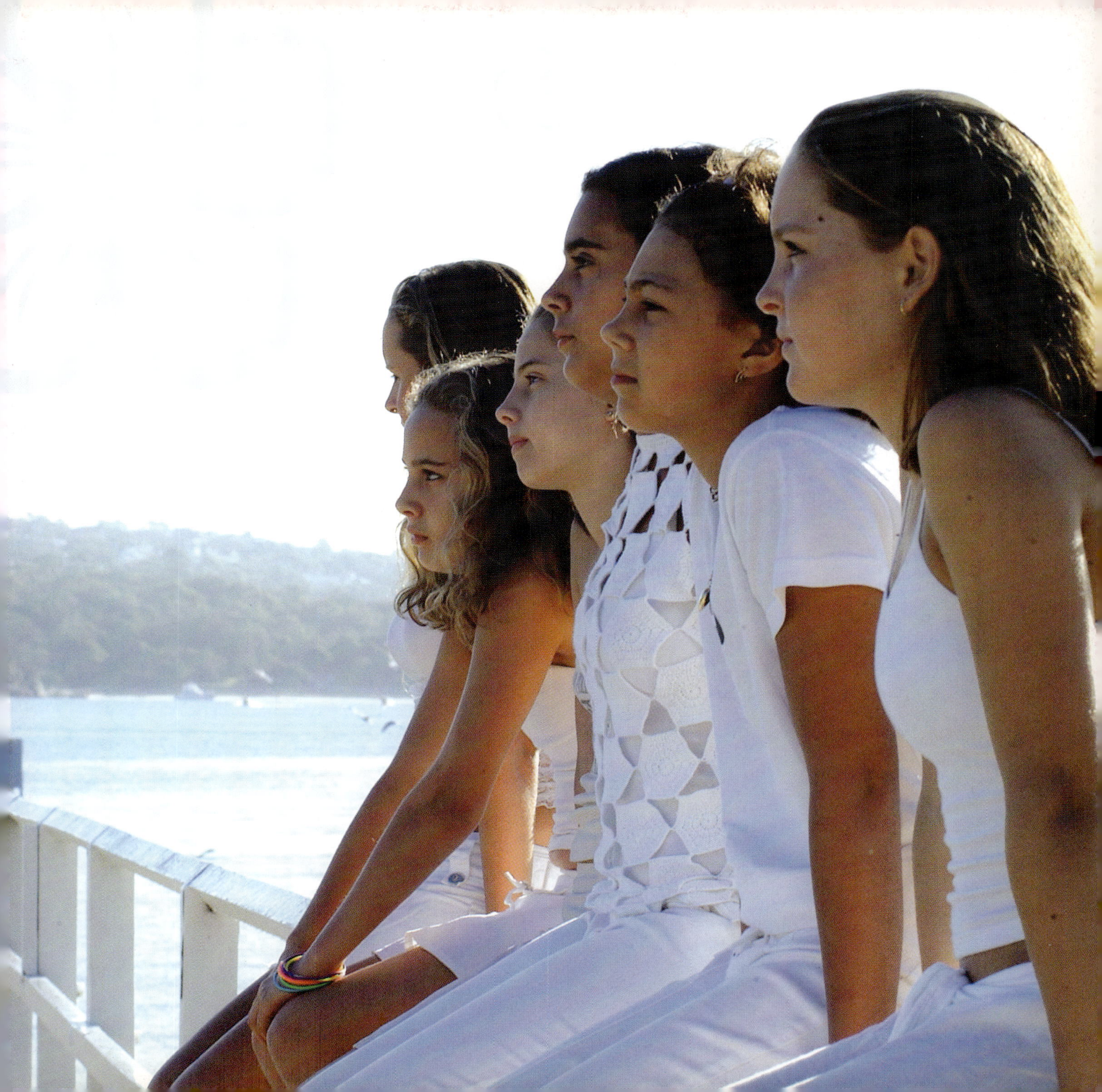

VRAGEN-HOEKJE

Hoe lang ben ik dan ongesteld en hoe erg? Ik bedoel, gutst het eruit of hoe gaat dat?
VAN EEN BANG MEISJE

Meestal duurt de ongesteldheid tussen 4 en 7 dagen. Maak je niet bezorgd, het lekt of druppelt er langzaam uit. Het wordt geen vloed. Omdat het slijmvlies in de baarmoeder zich begint los te maken en naar buiten komt, druppelt er gedurende de eerste paar dagen wat meer bloed uit. Tijdens de laatste dagen van je bloeding wordt het geleidelijk minder tot er op de laatste dag nog maar een paar druppeltjes in je maandverband zitten. Over de hoeveelheid bloed dat er uitkomt, kan ik je geruststellen. Het is maar ongeveer een derde van een kopje. Volgens het officiële cijfer is het ongeveer 30-60 ml en sommige meisjes verliezen een volle kop. Maar voor je in zwijm valt moet je weten dat dit verspreid over een aantal dagen langzaam met druppeltjes naar buiten komt en die hoeveelheid bestaat niet alleen uit bloed. Er zit ook wat slijmvlies in dat zich in de baarmoeder had gevormd. Al met al is de hoeveelheid bloed 2 tot 3 eetlepels.

Als ik voor de eerste keer ongesteld word en dan een hele tijd niet meer, is dat dan normaal?
VAN EEN NIET-NORMAAL MEISJE

Ja. Ieder meisje heeft een andere cyclus. Het zal moeilijk zijn om precies vast te stellen wanneer de volgende menstruatie er aankomt als je net voor de eerste keer ongesteld bent geworden, want in het begin kún je een paar dagen bloed verliezen en dan 6 maanden lang niet meer. En dat is volkomen normaal. Het is gewoon een manier van je lichaam om in een totaal nieuwe cyclus te raken. Alje hormonen zijn druk bezig de boodschappen over en weer te sturen. Na je eerste ongesteldheid kan het wel 2 jaar duren voor je een regelmatige cyclus krijgt. Het is een goed idee om op de kalender bij te houden wanneer je de volgende ongesteldheid kunt verwachten. Hoewel het voor sommige meisjes heel normaal is dat hun cyclussen erg onregelmatig zijn. Het kan heel handig zijn als je vooruit wilt plannen in verband met speciale gebeurtenissen, zoals een zwempartij, een logeerpartijtje bij vriendinnen of een vakantie met je familie.

Hoe groot zijn onze eierstokken en hoe groot is een eitje? En hoeveel eitjes hebben we eigenlijk?

VAN EEN BEZORGD MEISJE

We hebben twee klieren of eierstokken, die ieder aan een kant van onze baarmoeder zitten. Onze eierstokken zijn ongeveer zo groot als een amandel en bevatten heel veel kleine eitjes. Tegen de tijd dat je voor de eerste keer ongesteld wordt, heb je er ongeveer 350.000. Ja, dat zijn er een hoop! Daarom zijn ze zo klein, ongeveer zo groot als het puntje van een naald. Met zoveel eitjes wil de natuur ervoor zorgen dat een eitje de kans krijgt bevrucht te worden. In ons hele menstruerende leven komen er waarschijnlijk maar tussen de 400-500 eitjes vrij. De rest wordt door ons lichaam opgenomen voor ze zich helemaal hebben ontwikkeld. Als we in de menopauze komen, wat het einde betekent van onze menstruatie (rond de leeftijd van 45-55), hebben we geen eitjes meer – zo gaat dat, geen eitjes, geen ongesteldheid.

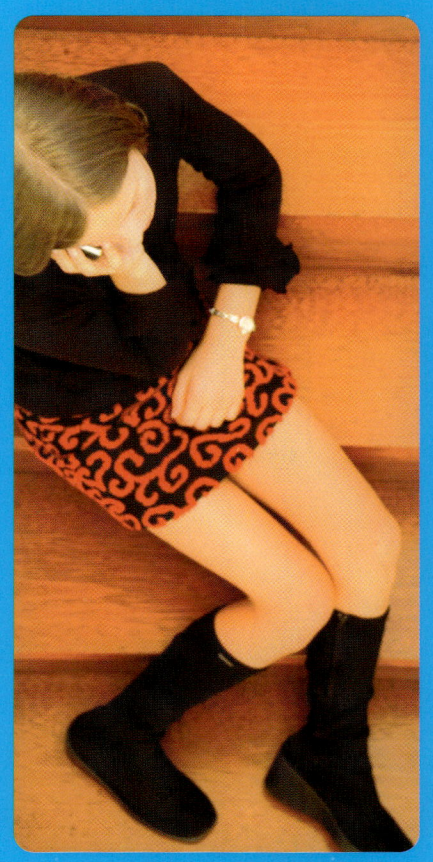

Bah! Hoe zit het met de jongens?! Maken ze dezelfde veranderingen mee en schamen ze zich net zo erg als wij of hoe zit dat?

VAN EEN MEISJE DAT HET NIET EERLIJK VINDT

Trek het je niet aan, ook bij de jongens gebeurt er veel tijdens de puberteit:

- Tijdens de puberteit worden de testikels of zaadballen van de jongens ongeveer zo groot als een walnoot.
- Ze hebben net als wij groeipijnen en groeispurts.
- Ze krijgen meer haar in het gezicht en op de borst; ook krijgen ze schaamharen en okselharen.
- Hun stemmen breken (de stem wordt eerst wat krakerig voor ze dieper wordt).
- Ze hebben natte dromen (tijdens hun slaap komt er sperma, een plakkerige vloeistof, uit hun penis).

En ze schamen zich net zo erg als wij over de veranderingen in hun lichaam.

'Ik doe een heleboel karweitjes in huis – ik maak mijn bed op, geef de hond te eten, doe de vaat in de vaatwasser en haal die er weer uit, dek de tafel. Dat hoort bij het groter-worden.'
Miranda, 11

'Als je vol zelfvertrouwen bent over je ongesteldheid, komt en gaat ze zonder problemen.'
Amber, 10

'Ik kijk ernaar uit om het eindelijk mee te maken en te weten wat het is.'
Laura, 12

Ongesteldheid en puberteit, bah!!!

Opgroeien, puberteit, veranderingen, gevoelens, wisselende stemmingen, bloed – oh, mijn god! Het kan allemaal zo vreemd voelen, maar na een tijdje wordt dat vreemde normaal...

Er zijn zoveel meisjes die zich ongemakkelijk en angstig voelen bij het idee dat ze ongesteld en volwassen zullen worden. Het kan een moeilijke tijd zijn want – behalve alle lichamelijke veranderingen – zorgen je hormonen ook nog eens voor ingewikkelde emotionele veranderingen. De ene dag kun je je geweldig voelen omdat je al zo heerlijk groot bent en de volgende dag haat je het dat je groter bent dan de meeste jongens. De ene week ben je blij dat je al ongesteld wordt en dat je met je vriendinnen tips kunt uitwisselen over hoe je met krampen om moet gaan en de volgende week (als je die krampen hebt!) zou je willen dat je voor altijd een klein meisje kon blijven!

Het is heel normaal dat je gemengde gevoelens hebt over alles wat er met je lichaam gebeurt. Praat met je vriendinnen, je zus of je moeder, je lerares of een andere vrouw die al volwassen is.

Ik heb de antwoorden, tips en steun die ik met de meisjes in mijn groepen heb gedeeld, opgeschreven. Ik hoop dat ze je helpen om je meer voorbereid te voelen op sommige veranderingen die zullen komen. Ik heb geprobeerd een antwoord te geven op de 5 meest gehoorde klachten.

Klacht 1: Bah! Ik wil niet opgroeien en veranderen als dat betekent dat ik meer verantwoordelijkheid heb en geen kind meer kan zijn. Ik vind het leuk om een kind te zijn.

Oké, oké, ik zal eerlijk tegen je zijn. Opgroeien betekent inderdaad meer verantwoordelijkheid en het klopt dat je geen kind meer bent ... maar tegelijkertijd ben je het nog wel. Een kind zijn is iets dat je diep vanbinnen voelt, hoe oud je ook bent. Als kind-zijn betekent spelletjes doen, lekker aanrommelen en een heleboel knuffels hebben, dan hoeft dat niet te veranderen. Trouwens, de andere kant van de medaille is dat opgroeien betekent dat je veel meer mag!

Meer verantwoordelijkheid betekent bijvoorbeeld ook dat je ouders je vertrouwen en dat je samen met je vriendinnen naar de bioscoop en feestjes mag. Je mag later opblijven, die kleren uitkiezen die jij graag wilt dragen en zelf uitmaken met welke vriendinnen je omgaat. Oh, en hoe kan ik het vergeten! Een relatie beginnen met dat heerlijke knuffelen en zoenen hoort ook bij een groot deel van het opgroeien.

Klacht 2: Al dat bloed — het is vies en afschuwelijk!

Wel, wat je waarschijnlijk inmiddels weet (als je de eerste twee hoofdstukken hebt gelezen), is dat het echt niet zoveel bloed is. Het is ongeveer een derde van een kopje dat langzaam naar buiten druppelt gedurende 3-7 dagen. Meestal zeg ik tegen meisjes die klagen over bloed en viezigheid, dat ze zich moeten proberen voor te stellen hoe het was toen ze voor de eerste keer zonder luier naar het toilet leerden gaan! Dacht toen iemand: Bah, poep!? Dat denk ik niet! Ik denk dat je naar hartenlust je billen afveegde, want het is jouw lichaam en jij bent er de baas over! Het enige waarbij je je ongemakkelijk kunt voelen is wanneer er bloed in je slip komt als je op school bent. Niemand anders dan jij kan dit zien en meestal is het niet genoeg om je er zorgen over te maken. Als je thuis bent kun je je slip uitdoen om te wassen. De beste manier om bloed uit je slip te verwijderen is ze meteen te wassen of in koud water te weken.

Klacht 3: Vreselijk, ik krijg borsten. De kinderen op school zullen mij plagen, vooral de jongens!

Het is moeilijk borsten over het hoofd te zien, ze zijn er nu eenmaal, geen twijfel mogelijk... Zelfs als je je schouders heel erg laat hangen, lijkt het net alsof je je borsten probeert te verbergen waardoor je nog meer ongewilde aandacht kunt krijgen. Het is anders bij jongens, want hun intiemste veranderingen in de puberteit kun je niet zien. Je kunt het beste wat oefenen om jezelf te leren vertellen dat je oké bent zoals je bent. Houd je hoofd omhoog en loop trots rond alsof je het ook echt meent. Negeer de plaaggeesten of zeg hun dat ze moeten ophouden en draai ze je rug toe.

Maar soms werkt het niet om het geplaag te negeren. Ik weet niet hoe dat komt, ik denk dat sommige mensen gewoon hartstikke dom zijn. Hoe dan ook, we ontdekten in de praatgroepjes dat het belangrijk is het hoofd te bieden aan het geplaag wanneer negeren niet werkt. Door te proberen het zo snel mogelijk te laten ophouden, maak je het leven een stuk makkelijker, vooral als je steun krijgt van je vriendin(nen). Als je alleen bent als het gebeurt, ga dan trots rechtop staan en hou van jezelf, ook al sta je daar met knikkende knieën. De eerste stap is je om te draaien, de plaaggeesten recht in de ogen te kijken en hun vastberaden te vertellen dat ze moeten ophouden! Maar! Je moet het wel vol overtuiging zeggen! Je gezichtsuitdrukking moet overeenstemmen met je woorden en je stem.

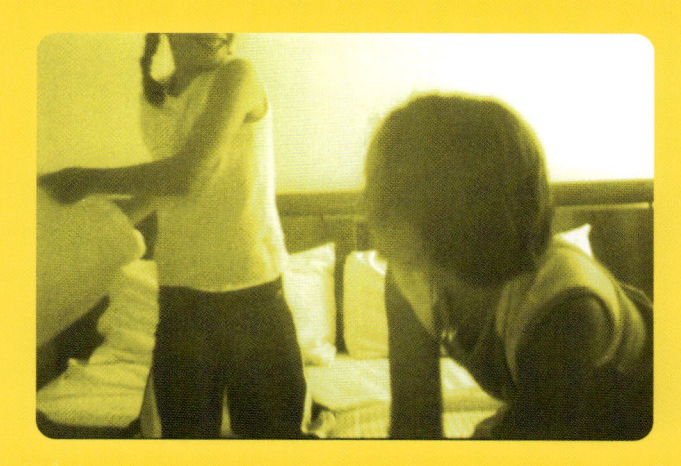

Klacht 4: Ik ben bang dat ik de eerste ben in mijn klas die ongesteld wordt en dan komt iedereen erachter en gaan ze over me roddelen!
Het is voor iedereen heel moeilijk om te weten dat jij ongesteld bent, behalve wanneer je het hun vertelt. Het is zelfs nog moeilijker erachter te komen of jij de enige bent als je bedenkt hoeveel meisjes er in jouw klas en op jouw school zitten. Je zou het aan ieder meisje moeten vragen en er is grote kans dat ze je het niet vertellen, omdat zij het net zo goed geheim willen houden als jij. Maar laten we veronderstellen dat er inderdaad kinderen zijn die erachter komen dat jij ongesteld bent. Nou en? Worden alle meisjes niet ooit ongesteld of misschien zijn ze het al geweest? Ik weet nog dat ik ongerust was dat ik misschien wel het enige meisje in de klas was met schaamhaar. Toen zag ik op een dag na het zwemmen in de kleedkamer dat er nog een meisje was met schaamhaar! Ik voelde me zo blij, ik sprong bijna een gat in de lucht! Ik werd me ervan bewust dat het niet was omdat ik de veranderingen bij andere meisjes niet zag of omdat ze het niet aan mij vertelden, er bij hen niets zou veranderen.

Klacht 5: Ik wil geen PMS en krampen krijgen. Dat lijkt me heel pijnlijk!
PMS staat voor het **premenstruele syndroom** (of premenstruele spanning). 'Pre' betekent 'voor', dus het is een gevoel of stemming die we krijgen vlak voor onze ongesteldheid. Puistjes of een vette huid, pijnlijke borsten, hoofdpijn, geïrriteerdheid, een opgeblazen gevoel en vermoeidheid zijn allemaal symptomen van PMS. Andere 'symptomen' zijn wel grappig. Veel vrouwen zeggen bijvoorbeeld dat ze, vlak voor ze ongesteld worden, een sterke drang krijgen om hun huis schoon te maken of dingen te regelen, zelfs als ze de rest van de maand een slons zijn. Sommige vrouwen gaan rare dingen eten of eten meer dan gewoonlijk. Andere vrouwen huilen heel makkelijk, niet omdat ze verdrietig zijn, maar omdat ze door alles geraakt worden.

We kunnen humeurig en wispelturig zijn of ons duizelig voelen alsof we niet genoeg geslapen hebben. We kunnen ons zonder speciale reden somber voelen, meer behoefte aan ruimte en privacy hebben en stiller zijn dan normaal. Als je last hebt van PMS-symptomen kun je een aantal dingen doen om je beter te voelen.

PMS krijgt vaak slechte publiciteit – er worden grapjes over gemaakt in tv-shows waar kerels elkaar aanstoten omdat een vrouw in tranen uitbarst of boos is en dan zeggen ze: 'Oh, uitkijken! Het is vast de tijd van de maand', meestal gevolgd door rollende ogen en gegrinnik!

Misschien heb je zelf ervaren dat je PMS hebt of heb je de symptomen bij je moeder of zus gezien. Het kan behoorlijk verwarrend zijn en meestal gaan mensen je dan het liefst uit de weg. Ik raad je aan om af en toe wat stoom af te blazen en naar je gevoelens te luisteren. Dat is nog eens een nieuwtje! Als je je somber voelt, zeg dan tegen jezelf dat je je somber mag voelen. Zo voel je je toch echt op dat moment? Ook als we vinden dat we écht heel goed onze gevoelens kunnen verbergen, denk ik dat er na een tijdje wat barstjes in komen. Het kan naar buiten komen door te gaan plagen, iemand voor de grap te kleineren, door te snauwen of te roddelen. Misschien ben je er wel eens het slachtoffer van geweest. En natuurlijk zou jij dat zelf nooit doen, toch?

Praktische tips voor meiden met PMS

Ze lijken een beetje op grootmoeders handige tips voor PMS, omdat de meeste zijn gebaseerd op je gezonde verstand en de dingen die meisjes en vrouwen al jaren voor zichzelf doen. Ik stel voor dat je deze tips gebruikt voor het veranderen van je levensstijl, om jezelf gezond te houden. Dat lijkt me beter dan een paar tips vlak voor je ongesteldheid opvolgen omdat je bang bent PMS te krijgen.

Als je moe bent – hallo, ga slapen! Ja, ik snap dat dat lastig is als je op school bent, maar zorg er dan voor dat je thuis vroeg naar bed gaat. Vermijd koffie, thee of chocola en suiker, want die houden je wakker waardoor je urenlang kunt liggen woelen. Zo'n suikerstoot kan je echt down maken. Je weet vast wel waar ik het over heb, meisje!

Maak tijd voor jezelf! Als je krampen hebt, moe en een beetje humeurig bent, heb je misschien wat meer rust nodig. Schrijven, tekenen of lezen zijn prima manieren om te ontspannen.

Drink veel water. Om te leven hebben we water nodig. Ons lichaam bestaat voor ongeveer 70 procent uit water en onze hersenen en spieren bevatten zelfs 75 procent water. Water zorgt voor het doorspoelen van ons systeem en houdt ons lichaam gehydrateerd. Het helpt ook wanneer we voor de menstruatie vocht vasthouden in onze benen en enkels.

Eet heel veel 'levend voedsel'. Ik bedoel vers fruit en groente. Geen zorg, ze gaan niet gillen als je erin bijt. Fruit en groente zijn rijk aan vitaminen en mineralen die de beste maatjes zijn voor een menstruerende meid! Vergeet de donkergroene bladgroente niet. Rauwkost is een heerlijke snack. Als je groenten kookt, kook ze dan kort (stomen of roerbakken). Fruit is uitstekend als tussendoortje of ontbijt. Vers fruit is beter dan sap, omdat je dan ook alle vezels binnenkrijgt (weet je wel, dat spul waardoor je goed naar het toilet kunt!).

Kies voor biologische producten. Het kost misschien wat meer, maar biologisch en biodynamisch geteeld vlees, eieren, melk, fruit en groenten zijn vrij van pesticiden, kunstmest, antibiotica en groeihormonen.

Eet minder rood vlees. Een portie vlees hoeft niet groter te zijn dan de palm van je hand. Minder rood vlees en zout is goed voor meisjes die vocht vasthouden, dikker worden, last hebben van gezwollen voeten en armen, gevoelige borsten of een opgezwollen buik.

Zorg dat je essentiële vetzuren binnenkrijgt. Die zitten in vis, noten en zaden. Misschien heb je wel eens gehoord van de goede vetten in sommige vissoorten. Makreel, zalm en tonijn zitten boordevol omega-3-vetten en essentiële vetzuren die zorgen voor 'vriendelijke' prostaglandine die krampen verlicht.

Zorg dat je genoeg eiwitten binnenkrijgt, vooral als je vegetarisch eet. Als je geen dierlijke eiwitten eet, zorg er dan voor dat je een combinatie van ander voedsel eet dat aminozuren bevat. Dat zit in noten, volle granen en zaden, peulen en peulvruchten (ook sojaproducten).

Eet volle granen en volkoren graanproducten. Zilvervliesrijst, gierst, mais, quinoa en haver zijn heel goed. Pas echter op voor tarwe, want het kan bij sommigen gasvorming en maagkrampen veroorzaken.

Laat die prik met suiker staan. Je vindt het vast niet leuk om te horen, maar als je het kunt opbrengen, laat dan dat flesje prik staan, vooral de cola! Wist je dat een glas cola 14 theelepels suiker bevat? Er zit ook een vreemd mengseltje in van cafeïne en chemische stoffen. Als je zo graag bubbels wilt drinken, meng dan eens vruchtensap met mineraalwater of koolzuurhoudend water. Maak je eigen verfrissende drankje met citroen en mineraalwater. Doe er een beetje suiker bij voor de smaak.

Waarschuwing, waarschuwing, waarschuwing! De kwelgeesten in de vorm van gefrituurd voedsel vol suiker en zout liggen rond de tijd van je menstruatie weer op de loer. Wees een sterke pubermeid en probeer ze links te laten liggen, vooral in de week voor je ongesteld wordt als de kans op PMS het grootst is! Het is het ergste wat je de in je lichaam rondvliegende hormonen kunt aandoen. Als je honger krijgt en een snack wilt eten, neem dan voedsel waarvan de suikers langzaam in je bloed vrijkomen, zodat je energiepeil stabiel blijft. Dit heet voedsel met een **laagglykemische index** (G.I.). Dit voedsel verhoogt de bloedsuiker langzaam en geleidelijk. Van chocolade krijg je een megahoge dosis energie gedurende een korte tijd, maar daarna valt je energiepeil als een baksteen naar beneden en blijf jij uitgeput, prikkelbaar en depri achter! Voedsel met een lage G.I. zijn groenten, fruit (geen bananen), pasta, witte bonen in tomatensaus, peulen, linzen, volkorenbrood, havermoutpap, yoghurt en melk.

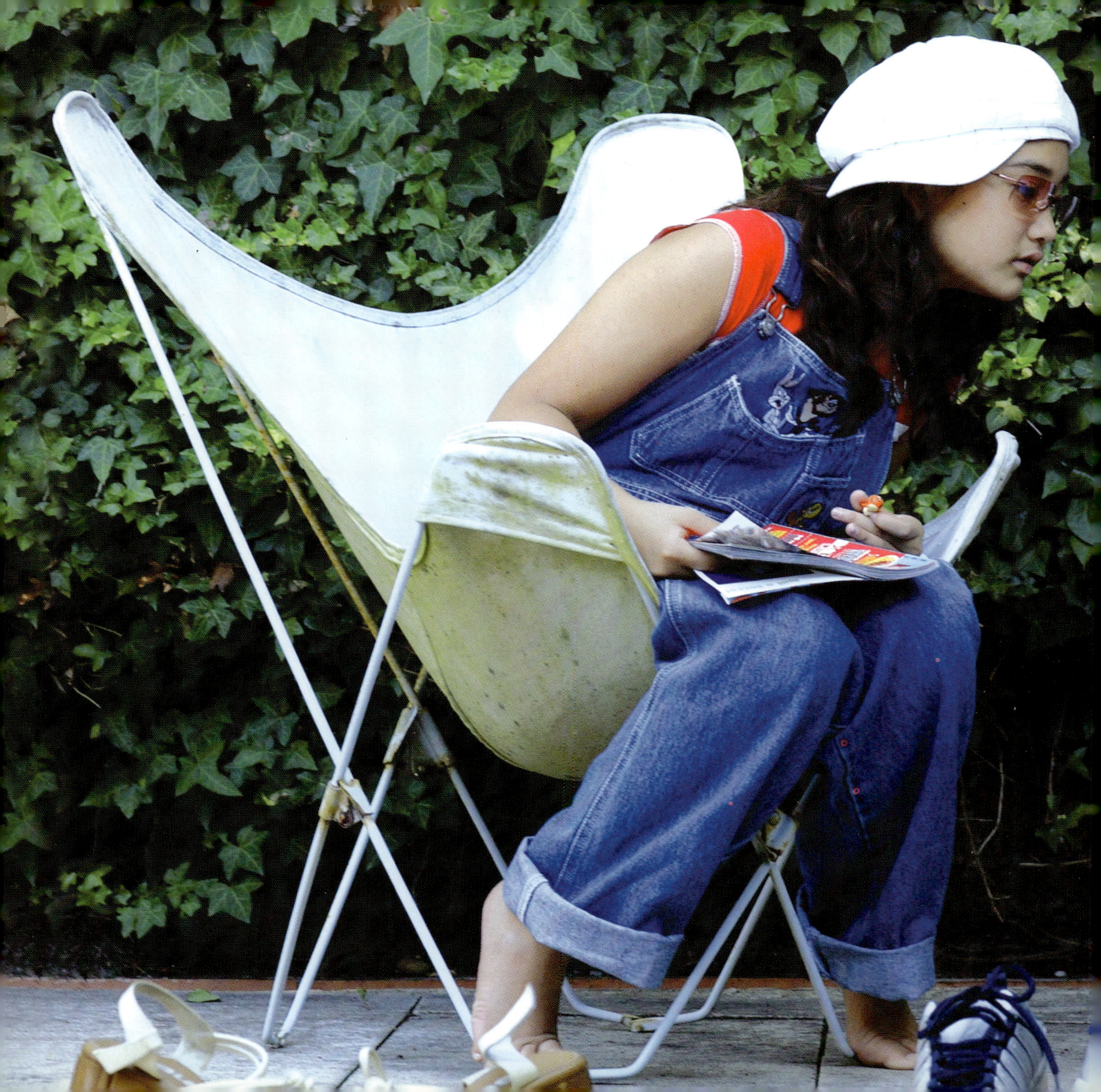

Au — ik heb krampen!

Bij PMS horen krampen, een opgeblazen gevoel, misschien wel gezwollen benen en pijnlijke borsten. Ik hoop niet dat dit klinkt alsof je verandert in een soort opgezwollen, flatulerende (winden latende) trol! Dit is iets waar wij, meiden, allemaal mee te maken hebben gehad, maar dankzij de goede krampfeeën kun je er iets aan doen. Je kunt vlak voor je menstruatie krampen krijgen of ook als je net ongesteld bent geworden.

Menstruatiekrampen zijn bij ieder meisje en iedere vrouw weer anders. Sommigen voelen een klein beetje pijn en steken onder in de buik die ze nauwelijks opmerken, terwijl anderen krampen hebben die voelen alsof de buik heel erg hard samengeknepen wordt. Andere tekenen kunnen zijn:

* Vreemde pijnscheuten van de heupen naar je dijen
* Pijn in je onderrug
* Een drukkend gevoel in je buik alsof er gas in zit. Dat gevoel wordt minder als je begint te bloeden.

Gek genoeg krijg je die krampen pas 2 tot 3 jaar na je eerste ongesteldheid. Ze komen het meest voor bij vrouwen tussen de 17 en 25 jaar. Vrouwen van achter in de twintig of vrouwen die een kind kregen, hebben vaak geen last meer van krampen. Sommige meisjes hebben er totaal geen last van en misschien ben jij er daar wel een van.

Waardoor worden krampen veroorzaakt?

Als het slijmvlies van je baarmoeder tijdens de menstruatie wordt afgestoten, verlaat het je lichaam via de baarmoederhals. Om dit voor elkaar te krijgen trekt de baarmoeder zich samen (knijpt zich samen), waardoor het menstruatievocht naar buiten wordt geduwd. Prostaglandine is een hormoon dat ervoor zorgt dat de bloedvaten zich vernauwen. Tijdens onze ongesteldheid zorgt het ervoor dat de zuurstof langzamer door de bloedvaten van je baarmoeder gaat. Daardoor kunnen de samentrekkingen van onze baarmoeder pijnlijk zijn.

Waarom doen mijn borsten pijn voor ik ongesteld word?
VAN EEN MEISJE DAT DOOR DE ZURE APPEL BIJT

Lieve door-de-zure-appel-bijtster,
Net als de meeste delen van ons lichaam kunnen borsten af en toe pijn doen. Dat geldt niet alleen voor meisjes, maar ook voor jongens. Misschien deed je je borsten ooit wel eens een beetje pijn toen je je aankleedde of toen iemand per ongeluk tegen je aanliep.

Meestal doen borsten pijn als ze zich beginnen te ontwikkelen. Vooral wanneer we knopjes krijgen. We kunnen ook pijnlijke borsten hebben rond het begin van onze ongesteldheid. Dat komt omdat ons lichaam ongeveer een week voor we ongesteld worden een heleboel vrouwelijke hormonen gaat maken, oestrogeen en progesteron, waardoor ons lichaam vocht gaat vasthouden. Onze handen, enkels en borsten kunnen dan zwellen. Door dit vocht zet het borstweefsel uit en worden de zenuwen uitgerekt, waardoor onze borsten pijnlijk of gevoelig worden.

Wat kun je eraan doen? Meestal wordt het minder als je ongesteld bent geworden. Je kunt een comfortabele beha dragen die je borsten ondersteunt. Volg enkele van mijn voorstellen om PMS te voorkomen, en als je je zorgen maakt over een bepaalde pijn, praat er dan over met je moeder of vader en misschien wil je even naar de huisarts.

Manieren om met krampen om te gaan — pijnstillers

Het is heel begrijpelijk dat onze eerste reactie bij pijn is: 'Jasses! Weg met die pijn en wel nu meteen!' Pijnstillers kunnen een wondermiddeltje zijn: een klein tabletje inslikken en... dag met de pijn. Pijnstillers geven vrijwel meteen een aangename verlichting, vooral als je naar school moet, een concert of examen hebt dat je niet mag missen en in alle gevallen wanneer je je niet terug kunt trekken onder een lekkere deken met een warme kruik op je buik (wat, denk ik, een goed alternatief is als je andere dingen opzij kunt schuiven).

Maar ik denk niet dat een pijnstiller de enige manier is om met pijn om te gaan. Ik zie het als een van de vele persoonlijke keuzes die passen bij jouw manier van leven en waarbij jij bepaalt wat je in je lichaam toelaat. Als we pijn hebben is dat gewoonlijk een manier van ons lichaam om te vertellen dat we het langzamer aan moeten doen of even moeten stoppen. Ik vertel al mijn pubermeisjes graag dat ze hun lichaam moeten ontspannen en moeten rusten als ze krampen hebben, maar ik weet dat dat niet altijd mogelijk is. Als je lange tijd pijnstillers slikt, kan dat schadelijk zijn voor je maag, lever en spijsvertering.

Sommige van mijn adviezen over eetgewoontes in verband met PMS zullen beslist helpen en verder heb ik een paar heel eenvoudige oefeningen, huismiddeltjes en alternatieve behandelingen beschreven. Waarom zou je er niet een aantal uitproberen om te kijken welke bij jou werkt?

'Ik weet dat we alle fases van het opgroeien goed zullen doorstaan ook al zijn we nu nog kwetsbaar' Iris, 11

Warmte en ontspanning

Ga lekker liggen en leg een warme kruik op je buik. De combinatie van warmte en gewicht kan wonderen verrichten voor het verlichten van krampen. Als je een poes hebt is er niets heerlijkers dan het spinnende beestje boven op je buik te leggen! Doe je ogen dicht en ontspan. Adem een paar keer langzaam diep in door je neus en adem langzaam door je mond uit. Als je het goed doet dan zie je je kat op je buik op en neer bewegen. Als je merkt dat je in slaap valt, wel, laat het gewoon gebeuren.

Een eenvoudige ontspanningsoefening: ga plat op je rug liggen, het liefst op een deken of mat op een hard oppervlak, zoals de vloer. Laat je armen langs je lichaam rusten met de handpalmen naar boven. Houd je benen recht maar houd ze niet stijf. Laat je voeten naar buiten vallen. Ontspan je spieren en maak je hoofd leeg als je dat kunt. Nu werk je je door je hele lichaam, te beginnen bij je tenen, waarbij je elk deel afwisselend opspant en weer loslaat. Als je je hele lichaam hebt ontspannen, adem je zonder geluid 4 of 5 keer vanuit je middenrif diep in. Word langzaam wakker, rol eerst op je zij voor je gaat zitten en sta dan op.

Bewegen

Dit is een heel goede manier om je menstruatiepijn te verlichten. Je voelt het misschien niet meteen, maar wanneer je opstaat en gewoon een flinke wandeling maakt, gaat je bloed beter door je baarmoeder stromen waardoor de krampen minder worden. Ik hou van wandelen, omdat het gratis is en je zelf bepaalt hoe snel je gaat. Bij het bewegen komt er in je hersenen een stof vrij die endorfine heet. Dat is een natuurlijke pijnstiller die je stemming kan veranderen als je je een beetje lusteloos of zwaarmoedig voelt.

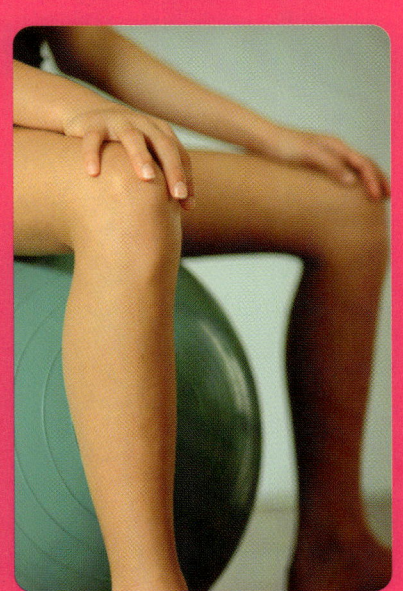

Drukpunten en zachte massage

Heb je dit wel eens geprobeerd? Duw met je vingers of je knokkels op de volgende drukpunten van je lichaam om de pijn te verlichten.

❋ Masseer het been vlak boven je bips en aan de buitenkant van je heupen waar je benen en je bekken samenkomen.
❋ De drukpunten voor de vrouwelijke lichaamsdelen die met de menstruatie te maken hebben, zitten rond de enkels. Dit gebied is verbonden met de eierstokken. Het zachtjes masseren van je enkels werkt heel verlichtend voor allerlei soorten buikpijn.
❋ Drie vingers onder de buitenkant van je knieën zitten punten waar je stevig op kunt drukken om de pijn te verlichten.
❋ Je kunt ook wat lavendel- of essentiële olie van salie mengen met gewone olie en daarmee je onderbuik zachtjes masseren in langzame cirkels tegen de wijzers van de klok in.

Kruidenthee
Thee van frambozenblaadjes (niet verwarren met thee met een frambozensmaakje) werkt fantastisch. Het verlicht de krampen. Je kunt het vinden in natuurvoedingswinkels.

Alternatieve behandelingen
Homeopathie, chiropraxie, osteopathie en acupunctuur hebben bewezen goed te werken bij menstruatieproblemen. Een Chinese arts kan je kruidensupplementen geven voor jouw specifieke problemen en je ook behandelen met acupunctuur. Daarbij worden heel dunne naalden op specifieke punten in je huid gestoken om allerlei kwaaltjes te verlichten. Ik ken vrouwen bij wie na een poosje heel goede resultaten werden bereikt. Bij mij werkte het heel goed voor de hoofdpijn die ik altijd vlak voor mijn ongesteldheid kreeg.

Heet bad
Doe enkele druppels van jouw favoriete essentiële olie in het badwater en laat jezelf zalig in het water drijven!

Wat zeg je... je bent net voor de eerste keer ongesteld geworden en je weet niet hoe je het aan je ouders moet vertellen?

Je bent voor het eerst ongesteld geworden, je barst van de vragen en je wilt het aan iemand vertellen? Je hebt iemand nodig om mee te praten? Het is heel belangrijk dat je praat met iemand die je vertrouwt. Dus het allereerste wat je moet doen is beslissen met wie je een gesprek wilt hebben.

Dus met wie ga je praten?

Wat dacht je van je moeder? Of je vader? Tante Ank? Sarah, je grote zus? De moeder van je beste vriendin? Je lievelingslerares op school? Kies iemand uit je familie of vriendenkring met wie je goed kunt praten en VERTEL HET HUN. Hoe moet ik dat doen, vraag je? Lees verder.

Hoe begin je het gesprek?

Sommige meisjes schrikken ervoor terug om vragen te stellen of te praten over hun ongesteldheid, terwijl anderen het juist heel fijn vinden. Bij wie hoor jij? Of zit je er tussenin?

Als je je een beetje nerveus voelt, bedenk dan dat je ouder, je tante of je vriendin zich net zo verlegen en zenuwachtig voelt als jij. Het is tenslotte niet iets waar we iedere dag over praten, toch? Misschien weten ze niet waar ze moeten beginnen.

Als je de juiste persoon hebt gevonden, moet je je vragen voorbereiden en er op een geschikt tijdstip over beginnen. Dus hoe laat jij ze weten wanneer je voor de eerste keer ongesteld bent geworden?

* Vinden ze netjes verpakt maandverband in de afvalbak? (Oei!)
* Zien ze bij het vuile linnen een slip met een bloedvlek erin? (Geen prettig gezicht!)

Lieve
mam/pap/oma/tante/oom
(jij vult hier de naam in)

Raad eens??
Vanaf vanmiddag 5 uur ben ik eh, nu ja, hm, aan het bloeden, ik bedoel, niet echt aan het bloeden, maar aan het menstrueren.
Heeellluuuup!!!!!

Liefs
Jessie

- Zeg je het tegen je grote zus die het weer aan je ouders vertelt? (Beter!)
- Schrijf je een briefje of stuur je een e-mail?? (Zie het voorbeeld in het kader hiernaast.)

Geen paniek, volg deze raadgevingen op en verder wens ik je heel veel kracht toe!

1. Beslis met wie je volgens jou het fijnst kunt praten. Is het iemand die openstaat voor je vragen, eerlijk is in haar antwoorden en ook bereid is haar eigen ervaringen over opgroeien met jou te delen? Wanneer heeft ze tijd?
2. Bedenk wat je graag wilt vertellen of wat je wilt vragen. Als het je kan helpen maak dan wat aantekeningen of schrijf wat vragen op een stukje papier (bovendien kan dat handig zijn om je aan vast te houden als je zenuwachtig bent).
3. Bedenk wanneer en waar je erover wilt praten. De sfeer is heel erg belangrijk. Dus waarschijnlijk is het niet zo'n best idee als iemand zich moet haasten om op tijd op het werk te komen of wanneer je zusje aan het huilen is. Dan kan die persoon gestrest zijn en haar aandacht niet aan jou besteden. Het gesprek moet geen soort interview worden. Je moet het gevoel hebben dat je lekker lang met iemand gaat zitten kletsen. Misschien bij een chocolade-ijsje in een tearoom? Of thuis na het avondeten?
4. Wil je alleen met iemand praten? Maak dat dan duidelijk. Als je graag wilt dat je grote zus of goede vriendin erbij is, vraag hun dan eerst of zij dat willen.
5. Een goed begin kan zijn om eerst te vragen naar de ervaring van de ander. Hoe was het toen zij in de puberteit zat? Bijvoorbeeld: wanneer werd jij voor het eerst ongesteld? Wat vond jij van de veranderingen tijdens de puberteit? Wat vertelden jouw ouders je over de puberteit of de menstruatie?

Hoofdstuk 4

Maandverband en
TAMPONS

Er is enorm veel variatie op het gebied van maandverband en tampons. (Loop gewoon de drogisterij of supermarkt binnen en je ziet wat ik bedoel.) De meer formele, 'laten-we-doen-alsof-we-het-niet-over-bloed-hebben'-naam voor maandverband of tampons is **hygiëneproducten voor vrouwen**. Kun je je voorstellen dat je daarnaar vraagt op school?

'Oh, ik lek een beetje, heb jij misschien een hygiëneproduct voor vrouwen bij je?' 'Natuurlijk, hier heb je er twee.'

Je hebt dik maandverband met een kleefstrip, dun maandverband, ultradun maandverband, mini, maxi, superabsorberend, inlegkruisjes, maandverband met vleugeltjes, maandverband voor 's nachts, voor overdag, rechthoekig maandverband, maandverband aangepast aan de vorm van het lichaam, maandverband van wasbare katoen, zelfs maandverband voor in je string en zwarte inlegkruisjes!! Huuuhhppp (ik hield slechts mijn adem in!)... En dat was alleen nog maar het maandverband! Bij tampons heb je mini's, maxi's, super, normaal, tampons die je zelf moet inbrengen, tampons met een inbrenghuls, tampons van watten, van organische watten. De meeste zijn te koop in hippe verpakkingen met een print erop alsof je op een Afrikaanse safari gaat! Komen een aantal hiervan je bekend voor?

Maandverband

Omdat je iedere maand heel nauw en persoonlijk met maandverband in contact komt, moeten we maar eens gaan bekijken waar ze eigenlijk van gemaakt zijn. Het gewone maandverband met een kleefstrip aan de achterkant heeft een synthetisch bovenlaagje en een niet met chloor gebleekte houtpulpvulling. De maandverbandfabrikanten zijn over het algemeen niet al te scheutig met info over wat er precies in het maandverband zit. Maar de meeste hebben een vulsel van kunstmatige vezels (houtpulp) of wattenvulling en zijn bedekt met een dun superabsorberend synthetisch laagje. Hier volgt een opsomming van de verschillende soorten maandverband die je meestal in de winkel tegenkomt.

Ultradun

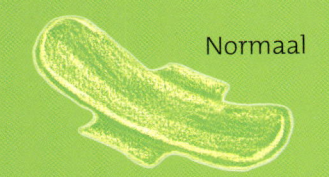

Normaal

Super

Nacht

- Ultradun: Dit is een superdun, maar ook superabsorberend maandverband door de materialen die gebruikt worden.
- Normaal: Gewoonlijk voor de eerste of tweede dag van de ongesteldheid of wanneer de bloeding wat lichter is.
- Super: Voor de dagen dat de bloeding het hevigst is. Dat kan op de derde dag zijn, afhankelijk van de duur van jouw ongesteldheid. We kunnen ook heviger gaan bloeden als we wandelen of sporten of gewoon actief zijn.
- Nacht: De naam zegt het al: dit maandverband is dikker en langer, zodat je niet midden in de nacht op hoeft te staan.
- Inlegkruisjes: Deze beschermen je ondergoed tegen afscheiding, maar je kunt ze ook gebruiken als je voor het eerst ongesteld wordt en je maar een heel klein beetje bloed verliest.

Al dit maandverband bestaat met of zonder vleugeltjes. Waarom vleugeltjes? Er zijn meisjes die zeggen dat ze maandverband met vleugeltjes fijn vinden omdat je ondergoed niet vuil wordt als het aan de zijkant lekt. Dat kan gebeuren als het maandverband een beetje verfrommeld raakt door het zitten en lopen.

Hoe draag je maandverband

Gouden regel 1: Wat moet je doen voor je een maandverband of tampon gaat gebruiken? Ja, je handen met zeep wassen. Nadat je je maandverband vervangen hebt, stop je het gebruikte maandverband in een papieren zakje of wikkel je er toiletpapier omheen en gooi je het in de afvalbak. Daarna was je natuurlijk weer je handen.

Gouden regel 2: Zorg ervoor dat de kleefstrip tegen je ondergoed kleeft en niet tegen je lichaam. Het is heel eenvoudig, volg gewoon deze stappen om jou op weg te helpen. Doe dit op het toilet.
1. Was je handen
2. Haal het maandverband uit de verpakking als het verpakt is.

3. Trek de kleefstrip van het maandverband of inlegkruisje. Maak de vleugeltjes ook los. Zorg ervoor dat je dit doet zonder de bovenkant van het maandverband aan te raken, want die moet schoon blijven omdat hij in contact komt met je vagina.
4. Het is makkelijker als je slipje bij je knieën zit en jij je benen een beetje uit elkaar houdt. Leg het maandverband of het inlegkruisje in het midden van je slip. Als er vleugeltjes aanzitten duw die dan voorzichtig rond de buitenrand van je slip, zoals op het plaatje is te zien. Zorg ervoor dat het maandverband op het kruis van je slip past, want als het te breed is kan het kleefgedeelte aan je schaamhaar vast gaan zitten – au, het is nog te vroeg voor een wax, denk ik.
5. Tada, je hebt het voor elkaar. Je bent nu een ervaren draagster!
6. Trek je slip omhoog (ja, hup!!).
7. Was je handen en je bent vrij te doen wat je wilt: dansen, spelen, zingen en een bloedgoede tijd hebben!

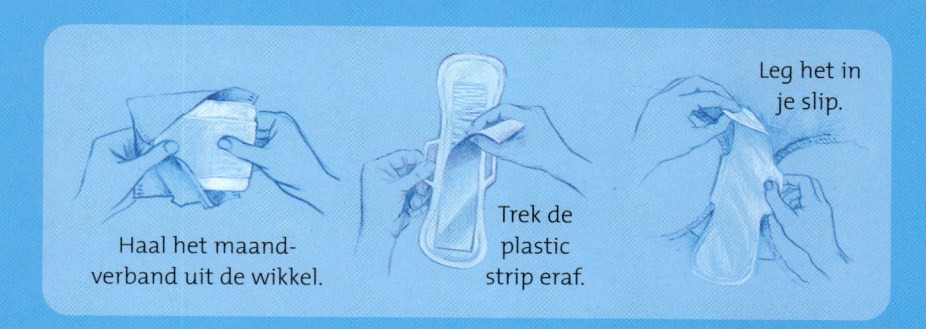

Haal het maandverband uit de wikkel.

Trek de plastic strip eraf.

Leg het in je slip.

'Ook al had mijn moeder me over ongesteldheid verteld, toch zag ik heel erg op tegen de dag dat ik ongesteld zou worden. Mijn moeder had me een tasje gegeven met een maandverbandje erin. Toen ik op school ongesteld werd, was ik vergeten dat het tasje met het maandverband in mijn schooltas zat en toen gebruikte ik toiletpapier tot ik weer thuiskwam.'
Michelle, 11

Na een tijdje vergeet je zelfs dat je er eentje draagt. Ze kunnen een beetje verfrommelen door het zitten, lopen of wanneer je je benen kruist. Dus als je naar het toilet gaat, controleer dan of alles nog op zijn plaats zit.

Als je voor de eerste keer ongesteld bent kan een inlegkruisje voldoende zijn. Al heel gauw kun je jezelf opwerken naar een super of zelfs een nacht-maandverband! Je hoort dan bij de grote meiden en je kunt dan zeggen:

'Ja, hoor! Ik ben een echte bloeder, een superbloeder met 4 maandverbanden per dag! Wat draag jij?!' 'Ik? Wel, ik ben hard op weg naar een nacht-maandverband en pas maar op, want niets kan deze kleine bloeder dan nog tegenhouden!'

VEEL GESTELDE VRAGEN OVER MAANDVERBAND
Hoe vaak moet ik mijn maandverband vervangen?
Als je voor maandverband kiest moet je het waarschijnlijk om de 3 tot 4 uur vervangen. Als je op school bent ga dan tijdens de pauzes naar het toilet en vervang het maandverband of controleer of alles nog goed zit. Meestal staat er een afvalbak in elk toilet. Wikkel het maandverband eerst in een stukje toiletpapier, want de zelfklevende strip kan aan de binnenkant van het deksel blijven plakken. Als er geen afvalbak staat, omwikkel dan je maandverband en stop het buiten in een afvalbak.

Is het te zien als ik mijn hippe, strakke jeans draag?
Als je ultradun maandverband draagt kun je waarschijnlijk zonder problemen je o-zo-strakke stretchjeans dragen. Maar als je een kort broekje voor de gym of een maillot voor de dansles draagt, is het misschien wel een beetje te zien. Probeer het van tevoren uit. Kijk in de spiegel of je het kunt zien. Anders kun je een tampon overwegen.

Een boodschap van Moeder Aarde
Spoel alsjeblieft je maandverband of tampon niet door het toilet. Misschien kun je al raden waarom. Ten eerste raakt de afvoerpijp van het toilet thuis of op school verstopt. Ten tweede, wat nog veel belangrijker is, zijn ze heel erg slecht voor ons milieu. Door een maandverband of tampon door het toilet te spoelen, verdwijnen ze niet zomaar op mysterieuze wijze. De ene pijp leidt naar de andere en allemaal komen ze ten slotte uit in zee. Na stormachtig weer kun je ze soms op het strand zien aanspoelen. Echt waar. Jakkes!

Doe eens een tampon in een glas water (zoals op het plaatje), dan zie je hoe hij opzwelt.

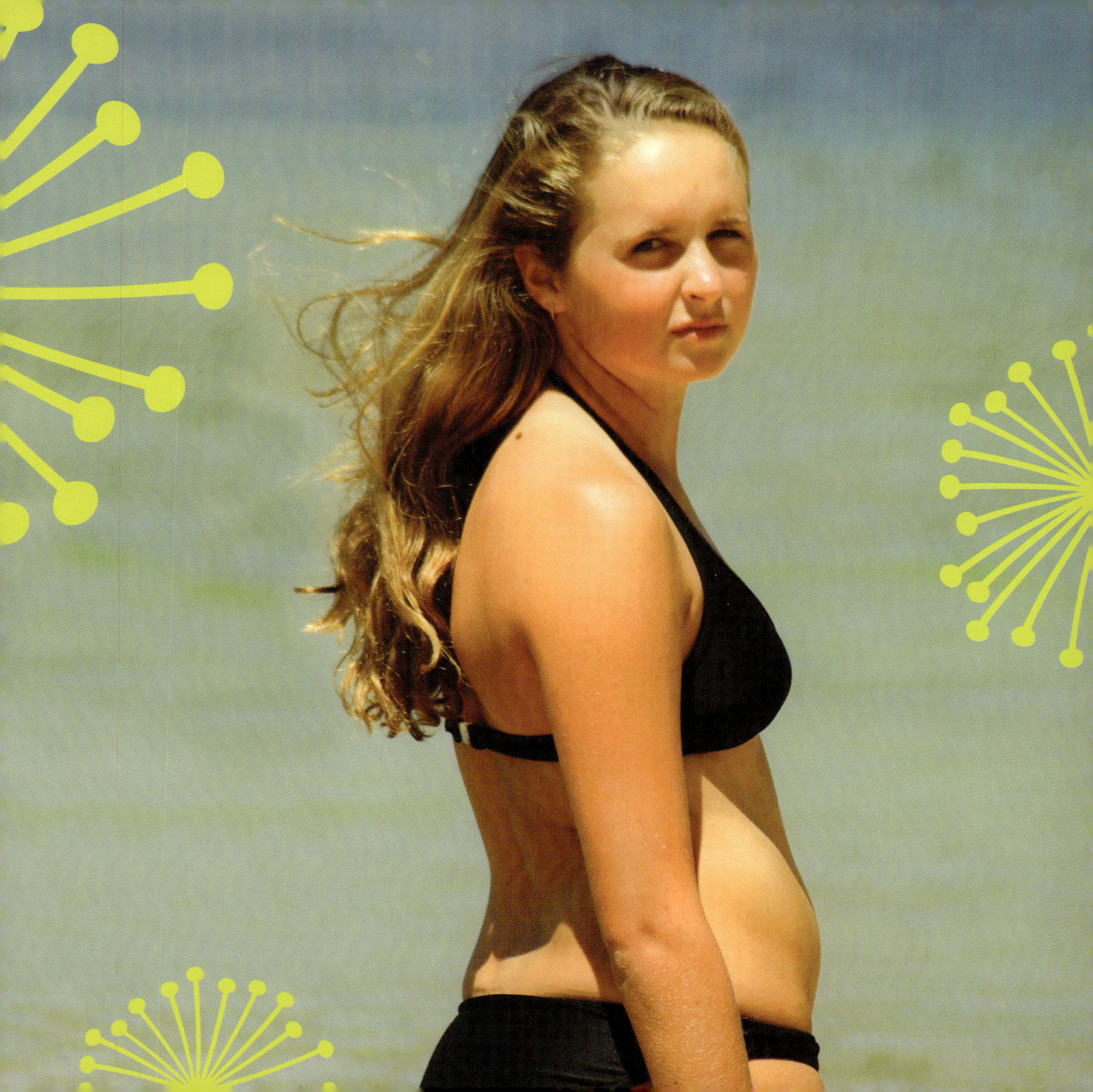

'Ik probeerde tampons te gebruiken, maar ik wist niet hoe het moest. Ik deed ze er niet ver genoeg in en ze deden heel erg pijn! Dus dacht ik dat het zo voelde om een tampon te dragen – heel pijnlijk. Daarom begon ik met maandverband. Toen ik ouder was, probeerde ik opnieuw een tampon. Per ongeluk duwde ik hem verder naar binnen en voelde ik er helemaal niets van! Het leek wel een wonder. Ik kwam erachter hoe het zat en toen heb ik ze jaren en jaren gebruikt. Sinds een jaar of twee ben ik weer maandverband gaan gebruiken omdat is gebleken (jarenlang heeft niemand van ons dat geweten) dat de meeste tampons giftige stoffen bevatten en die wil ik niet meer in mij hebben.

Tonya, 27

Ruikt het niet door het bloed?
Als het bloed uit je vagina in het maandverband loopt en het met de zuurstof in de lucht in aanraking komt, kan het gaan ruiken als je het te lang laat zitten. Met te lang bedoel ik dat je een maandverband niet de hele dag moet laten zitten zonder het te vervangen.

Tampons — de minietjes van de vrouwelijke hygiëne!
Toen ik op school zat, gebruikten we voor tampons een geheimtaal, de minietjes. Zo konden we aan een vriendin tijdens de pauze vragen: 'Hé, pst, heb je misschien een minietje bij je? Die van mij zijn op.' In mijn pubergroepjes vroeg een meisje een keer of je een tampon net zoals een maandverband in je slip moest dragen. Eh, eh, als je ze zo draagt kun je in een lastige situatie terechtkomen! Als je geen extra dikke elastiek in je slip hebt, zal het heel snel eruit vallen en op de grond terechtkomen als een muis die ontsnapt is uit de biologieles. Nee, nee, nee, meiden, voor het geval je het niet wist, tampons draag je in je vagina.

Het enige lastige van een tampon is om ze in te brengen – tenminste in het begin. Als je eenmaal voor de eerste keer een tampon in hebt gedaan is het daarna een makkie. Ik begon pas tampons te dragen toen ik 12 was, terwijl ik al sinds mijn negende ongesteld was. Om eerlijk te zijn wist ik niet dat er tampons bestonden en daarna wist ik niet hoe je ze moest gebruiken. Ik kwam erachter door de instructies op het doosje te lezen. Het was écht heel moeilijk om ze in te brengen. De truc is dat je je moet ontspannen. Makkelijker gezegd dan gedaan, nietwaar? De spier in jouw vagina is sterk en uitrekbaar en kan zich opspannen als je gespannen bent. Dus adem eerst een paar keer diep in om te ontspannen. Als je het wilt proberen, volg dan de stappen op bladzijde 64 en 65, maar het is ook prima om, net als ik, met maandverband te beginnen. Sommige meisjes hebben geen keus omdat ze aan watersport doen, dus begin met experimenteren zodra je ongesteld wordt en vraag hulp aan een volwassene.

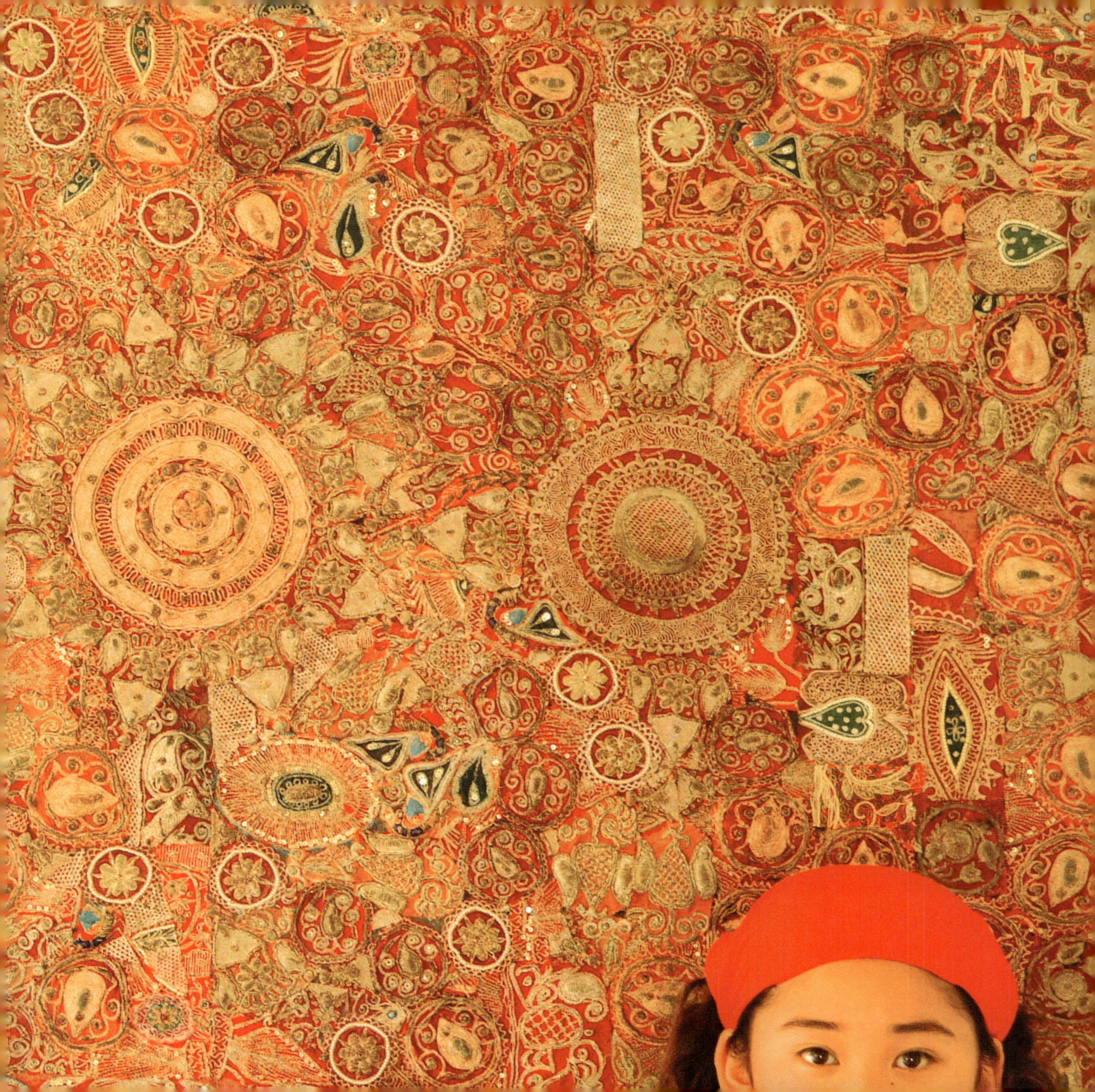

Mini

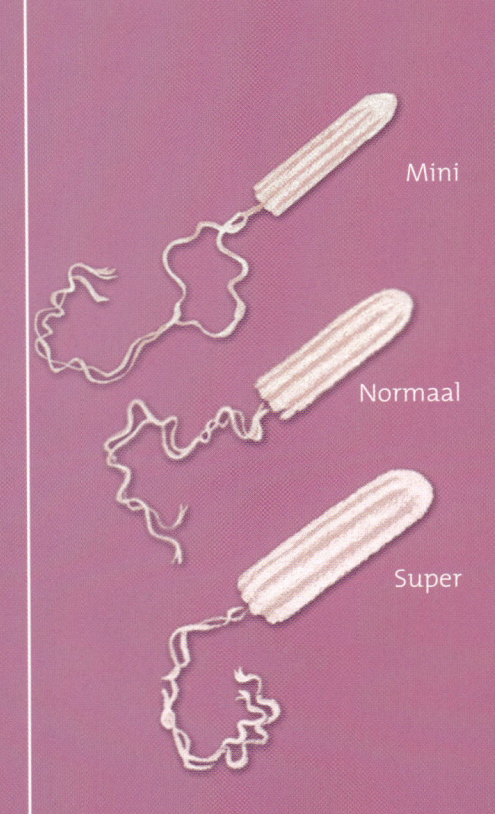

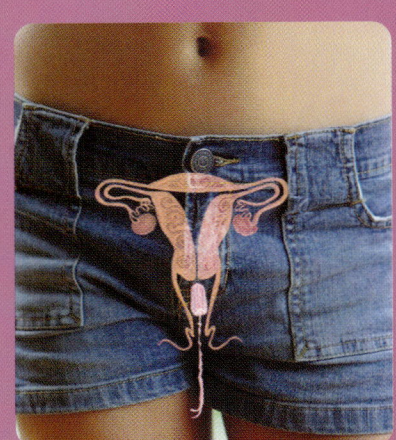

Normaal

Super

Als je niet weet hoe een tampon eruitziet, staan er hier om te beginnen een paar afgebeeld. Tampons zijn van dezelfde soort materialen gemaakt als maandverband, maar bij een tampon is alles heel dicht op elkaar geperst in een kleine cilinder ongeveer zo groot als jouw pink. Ze hebben aan de buitenkant een dunne laag fijne katoen of kunstvezels om te voorkomen dat de vulling gaat rafelen. Het vulsel zit strak om een touwtje heen. Het touwtje heeft vaak een andere kleur om te laten zien waar je de tampon uit de verpakking moet halen, zodat je het einde ervan niet aanraakt. Uiteraard geldt hierbij **gouden regel 1 dat je je handen moet wassen** voor je een tampon inbrengt.

Net als bij maandverband heb je tampons die in meer of mindere mate absorberen:

❊ **Mini** (bedoeld voor meisjes zoals jij die net beginnen): deze zijn heel klein en hebben een ronde top.
❊ **Normaal** is voor als je licht of middelmatig ongesteld bent. Je kunt ze ook gebruiken in het begin en aan het eind van je ongesteldheid.
❊ **Super** is voor als je menstruatie heviger is. Ze zijn dikker en langer en kunnen op de tweede of derde dag gebruikt worden als het bloed regelmatiger vloeit. Als de tampon blijft vastzitten of moeilijker te verwijderen is na 3 uur, dan moet je een tampon gebruiken die minder absorbeert (een kleinere).

De eenvoudige stappen voor het inbrengen van een tampon
1. Ga met een tampon naar een kamer waar je alleen kunt zijn, zoals je slaapkamer of de badkamer (de badkamer is het beste omdat daar een wastafel is om je handen ervoor en erna te wassen).
2. Was je handen met zeep en haal de tampon uit de verpakking.
3. Houd de tampon aan de onderkant vast (daar waar het touwtje omheen gedraaid is), haal de tampon uit het plastic omhulsel en houd hem bij het touwtje vast met je duim en twee vingers.

Opmerking: als het plastic omhulsel gescheurd of een beetje open is, gebruik de tampon dan niet. Je moet zeker weten dat de tampon hygiënisch is.

4. Ga op je hurken zitten of zet een voet op de rand van het bad. Met je vrije hand doe je voorzichtig de huidplooien rondom je vagina open. Dat zijn je schaamlippen.
5. Haal diep adem en terwijl je langzaam uitademt concentreer je je op het ontspannen van de spieren rond je vagina. Terwijl je dit doet, breng je langzaam het einde van de tampon in je vagina, een beetje naar beneden en naar achteren (in de richting van je anus). Als je hem naar boven duwt, voel je druk en weerstand, want je duwt dan tegen je schaambeen.
6. Laat de tampon helemaal naar binnen glijden. Je weet of de tampon goed zit als hij comfortabel aanvoelt in je vagina.
7. Gooi het plastic omhulsel in de afvalbak en was je handen.
8. Tada! Je hebt nu je allereerste tampon ingebracht!
9. Controleer je tampon na 3 uur. Als hij er makkelijk uitglijdt wanneer je aan het touwtje trekt, dan heeft hij het juiste absorptievermogen en is het tijd om hem te vervangen.

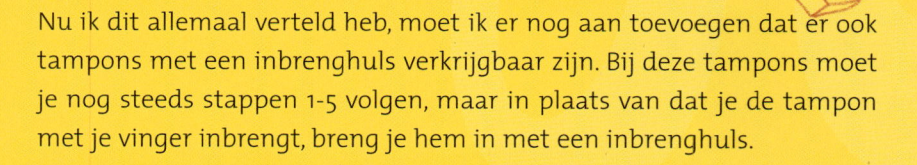

Nu ik dit allemaal verteld heb, moet ik er nog aan toevoegen dat er ook tampons met een inbrenghuls verkrijgbaar zijn. Bij deze tampons moet je nog steeds stappen 1-5 volgen, maar in plaats van dat je de tampon met je vinger inbrengt, breng je hem in met een inbrenghuls.

'Ik weet dat we alle fases van het opgroeien goed zullen doorstaan ook al zijn we nu nog kwetsbaar.'

Iris, 11

Een gel op waterbasis — heel fijn bij tampons

Een glijmiddel op waterbasis kan bij de drogist gekocht worden. Ga het samen met je moeder kopen. Doe er wat van op het topje van de tampon voor je hem inbrengt. Als je vagina een beetje droog is, zorgt de gel ervoor dat de tampon er een beetje makkelijker inglijdt. De gel wordt gemaakt op waterbasis, wat dus geen irritatie veroorzaakt van de gevoelige huid in je vagina en je kunt het makkelijk van je handen wassen. Gebruik geen glijmiddel op crème- of oliebasis, zoals vaseline, handcrème of lotion met parfum, want daar kun je een allergische reactie van krijgen en het kan tot infecties leiden.

Antwoorden op alle vragen over tampons

Hoe vaak moet ik ze vervangen?

Je moet om de 3 uur je tampon vervangen of misschien vaker als je heviger bloedt. De eerste paar dagen kun je wat meer bloed verliezen, maar daarna wordt het minder. Omdat je je tampon niet ziet, kun je vergeten dat je hem draagt! Domme zet. Als je de schoolbel voor de pauze of het einde van de lestijd 's middags hoort, ga je het beste altijd controleren. Schrijf het desnoods op een briefje om het niet te vergeten.

Als je vergeet dat je een tampon draagt, loop je het risico op een infectie. Het allerergste scenario is dat je het toxische shocksyndroom krijgt. Ik wil je niet bang maken maar ik wil je er wel over vertellen.

Wat als ik hem er niet in kan krijgen? Of er niet meer uit?

Inbrengen: als je de tampon er niet in kunt krijgen, controleer dan of je een mini gebruikt. Zorg dat je ontspannen bent – haal een paar keer diep adem en probeer opnieuw. Probeer het met behulp van een glijmiddel op waterbasis en doe dit op het topje van de tampon, zodat hij er makkelijker in kan glijden.

Sommige meisjes kiezen voor tampons met een inbrenghuls. Stop het einde van de inbrenghuls voorzichtig in je vagina, in de richting van

Een verhaal over de eerste ongesteldheid

Ik werd voor het eerst ongesteld toen ik elf en een half was. Het was tijdens een schoolzwemwedstrijd en halverwege ging ik naar het toilet. Toen ik mezelf afveegde zag ik bruin spul op het toiletpapier en ik wist meteen wat het was. Het was niet zo erg, dus ging ik gewoon door met zwemmen, maar na de wedstrijd vertelde ik het aan mijn moeder. Toen we thuiskwamen toonde ze me hoe je maandverband moet gebruiken.

Ik vond het maandverband niet leuk, maar toen ik een tampon probeerde te gebruiken, deed het pijn. Mijn moeder kocht een glijmiddel voor me en ik geloof dat ik dat in ieder geval het eerste jaar heb gebruikt! Melinda, 13

Wat is het toxische shocksyndroom (TSS)?

TSS is de enige ziekte waarvan bewezen is dat er een duidelijk verband bestaat met het gebruik van tampons. Ze komt heel zelden voor. Maar je kunt er heel ziek van worden en in een aantal zeer zeldzame gevallen zijn er meisjes aan gestorven.

Door een tampon te gebruiken – van watten of kunststof van welke dikte dan ook – hebben meisjes een groter risico op het krijgen van TSS dan wanneer zij maandverband gebruiken. Sorry, dat ik je dit moet zeggen, meiden, vooral voor de zwemsters. Het is niet mijn bedoeling jullie bang te maken om tampons te gebruiken, maar ik wil er zeker van zijn dat jullie goede informatie krijgen voor je je keuze maakt.

De symptomen of tekenen van TSS zijn moeilijk te herkennen, omdat ze op griep lijken. Als je plotseling hoge koorts krijgt, moet overgeven, diarree hebt, duizelig bent, flauwvalt of een rode huid krijgt alsof je door de zon verbrand bent tijdens je ongesteldheid of een paar dagen daarna, vraag dan aan je moeder of vader of ze onmiddellijk de dokter willen bellen.

Maatregelen die je kunt nemen om TSS te voorkomen, zijn: gebruik een tampon met een zo klein mogelijk absorptievermogen, aangepast aan de hoeveelheid bloed die jij verliest; vervang ten minste om de 3 tot 5 uur je tampon; gebruik afwisselend maandverband en tampons en draag maandverband tijdens de nacht. En ga altijd naar de dokter als je je zorgen maakt.

Inbrenghuls

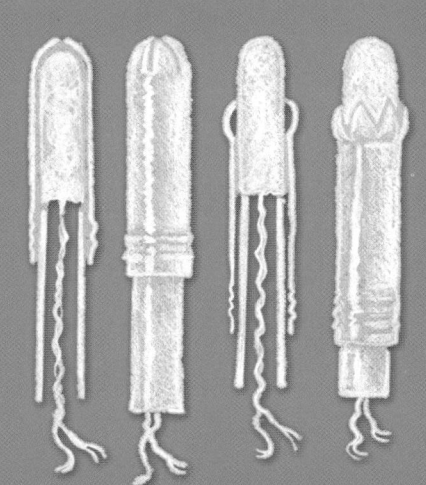

je onderrug en duw de tampon erin. Op de tekening kun je zien hoe dat gaat. Als je alles wat ik heb voorgesteld hebt geprobeerd en de tampon er nog steeds niet in kunt krijgen, STOP er dan mee. Het slechtste dat je kunt doen is de boel forceren. Gun jezelf een pauze. Het geeft niet, ontspan, draag een maandverband en probeer het later nog een keer.

Uithalen: een heleboel meisjes zijn heel erg bang dat hun tampon op de een of andere manier in hun vagina vast zal blijven zitten of dat het touwtje zal breken als ze de tampon willen verwijderen. Ik kan jullie vertellen dat ik in al die jaren waarin ik menstrueer nog nooit gehoord heb dat zoiets is gebeurd – en geloof me, dat zijn een heleboel jaren! Heb je wel eens geprobeerd het touwtje van de tampon met je blote handen te breken??? Dat is heel moeilijk, dat kan ik je wel vertellen! Als de tampon en het touwtje op de een of andere manier beide in je vagina terechtkomen, dan kunnen ze niet ver geraken. De opening van je baarmoederhals is te klein en zal de tampon tegenhouden, zodat hij niet verder kan. Wat je moet doen is met je wijs- of middelvinger proberen de tampon eruit te vissen.

Als we dan het allerergste scenario bedenken en je echt, echt, echt de tampon er niet uit kunt krijgen, hoe goed je het ook geprobeerd hebt, vertel het dan aan een volwassene en misschien moet je naar de dokter die jou kan helpen de tampon eruit te halen.

Iemand zei dat ik geen maagd meer ben als ik een tampon gebruik.

De waarheid is dat iemand die maagd is nog nooit seksuele gemeenschap heeft gehad. Is het inbrengen van een tampon hetzelfde als het hebben van seks? Absoluut niet! Dus waar komt die vraag vandaan? Vrouwen die maagd zijn hebben gewoonlijk een **maagdenvlies**, een stukje tere huid dat gedeeltelijk over de opening van de vagina zit. Bij sommige meisjes is het maagdenvlies dikker dan bij andere. Sommige meisjes worden zonder maagdenvlies geboren. Als een vrouw voor de eerste keer seksuele gemeenschap heeft, kan ze een beetje bloed verliezen omdat op dat moment het maagdenvlies blijvend kapotgaat.

Het is mogelijk dat door het inbrengen van een tampon het maagdenvlies scheurt, maar meestal is dat niet het geval. Het maagdenvlies bedekt normaal gezien maar een deel van de opening naar de vagina. Als het maagdenvlies over de hele opening zat, zou een meisje niet weten dat ze ongesteld was, want dan zou het menstruatiebloed er niet uit kunnen komen.

Zeg — zijn er ook alternatieven?

Er zijn een heleboel verschillende soorten maandverband en tampons verkrijgbaar en daar zitten ook alternatieve soorten bij. Als je er behoefte aan hebt, bekijk de volgende dan eens: maandverband en tampons van watten, wasbaar katoenen maandverband en zeespons tampons.

Maandverband tegenover tampons — de voor- en nadelen

Ach, beslissingen, beslissingen, tampons of maandverband? Wat zijn de goede/slechte punten van het gebruik van een van de twee of beide en wat is het meest geschikt voor jou? Misschien wil je een combinatie ervan gebruiken die past bij jou en de activiteiten die jij doet. In de kaders hieronder zie je de voor- en nadelen van maandverband en tampons.

MAANDVERBAND

Voordelen
Ze zijn veilig.
Je weet dat je ze draagt.
Ze zitten aangenaam.
Je ziet ze en weet wanneer je ze moet vervangen.
Ze zijn makkelijk weg te gooien.
Ze zijn schoon.
Ze zijn makkelijker om 's nachts te dragen.
Ze zijn makkelijk mee te nemen, vooral de dunne.
Door ze te gebruiken heb je minder kans op TSS.

Nadelen
Je weet dat je ze draagt.
Als je ze niet op tijd vervangt, kunnen ze ruiken.
Je kunt er niet mee gaan zwemmen.
Ze kunnen groot zijn.
Soms schuiven ze van hun plaats.
Het zelfklevende deel kan aan je schaamhaar blijven plakken (au).

TAMPONS

Voordelen
Je weet niet dat je ze draagt.
Ze zijn onzichtbaar (behalve het touwtje).
Ze ruiken niet.
Ze zijn makkelijk weg te gooien.
Ze geven geen rotzooi.
Je kunt ze niet echt voelen.
Ze nemen niet veel ruimte in.
Je kunt ze camoufleren in een doosje enz.
Ze zijn makkelijk mee te nemen.

Nadelen
Je weet niet dat je ze draagt.
Je moet onthouden ze te vervangen.
Soms lekken ze.
Soms is het moeilijk ze in te brengen.
Ze kunnen ongemakkelijk zitten als ze niet goed ingebracht werden.
Soms is een tampon niet genoeg.

Ongesteld zijn, bah! Maandverband en tampons zijn vervelend!!! Iedereen kan aan me zien dat ik ongesteld ben!!

DOOR DE WANDELENDE BLOEDKLONTER

Meisjes in mijn pubergroepen vertellen me vaak dat ze denken dat iedereen kan zien dat ze rondlopen met een maandverband in hun slip. Alsof ze door dat gigamaandverband in hun slip op een lompe manier rondlopen met gebogen knieën, kromme benen en hun bips naar achteren, zoals in een oude cowboyfilm. Wel, wat dacht je van een kleine ongesteldheidstest? Van welke van de volgende meiden denk jij dat ze ongesteld is? Als je A, B of C hebt gekozen, zit je goed. Behalve dan dat C gelukkig is omdat ze kampioen ritmische gymnastiek is!

Ongesteld worden? Het is veel te moeilijk om te onthouden wanneer ik het maandverband of de tampon moet vervangen.

DOOR VERGEET HET MAAR

Als ik zoiets in mijn groep hoor is een van de eerste dingen die ik vraag: 'Wat denk je dat er zou zijn gebeurd als je moeder of grootmoeder of overgrootmoeder of betovergrootmoeder hetzelfde zou hebben gezegd en vervolgens op wonderlijke wijze niet ongesteld zou zijn geworden...??' Meestal is iedereen hierna stil en daarna zie je dat bij een aantal meisjes het lampje gaat branden. Ja, dat klopt. Dan zou JIJ er niet zijn geweest. Die kleine, lieve, schattige, snoezige, sympathieke jij!

Hoofdstuk 5

Jouw lichaam is wel
MOOI !

Handen in de lucht als je je onlangs ontevreden of ongelukkig voelde over je lichaam of hoe je eruitziet. Heb je je hand opgestoken? Hm... Waarom was je ontevreden over je lichaam? Hoe kwam dat? Waar kwam de boodschap vandaan dat je niet gewoonweg mooi was op jouw unieke wijze? Laten we even doorgaan. Handen in de lucht als je je ongelukkig of ontevreden voelde over hoe je eruitzag toen je 5 of 6 jaar was. Heb je je hand deze keer niet opgestoken? Hoe komt het, denk je, dat er minder of geen handjes de lucht in gaan als het gaat over de leeftijd van 5 of 6 jaar?

Wel, meestal zeggen de meisjes in mijn groepen dat dat komt omdat ze het toen veel te druk hadden met spelen en dat ze gewoon wat rondhingen en kinderen waren. Dus wanneer komt daar verandering in? Wanneer veranderen we van kinderen die rondhangen, spelen, eten, slapen en lol hebben in iemand die naar zichzelf kijkt en daar niet zulke aardige gedachten over heeft? Als je denkt dat het deels door de puberteit komt, heb je gelijk, maar de boodschappen over hoe we eruitzien en wie we zijn, kunnen we al ver voor de puberteit krijgen.

Als je je hand had opgestoken ben je niet de enige. Heel veel vrouwen, meisjes, jongens en mannen vinden dat ze er niet goed uitzien. Altijd ben ik weer verbaasd om te zien dat bijna alle meisjes in mijn groepen hun hand opsteken bij die vraag. Soms zijn er een of twee meisjes die vinden dat ze er cool uitzien, die echt van hun lichaam houden. Ik hoop dat jullie door dit hoofdstuk te lezen meer kunnen begrijpen hoe dat komt.

Wat is schoonheid trouwens? We zijn er in zo veel verschillende soorten en maten, kleuren en culturen. Ik vind het prachtig dat niet iedereen hetzelfde is. Wat zou dat saai zijn!

Als ik samen met een groep meisjes ga praten over schoonheid kijk ik altijd rond en dan denk: wow! Wat zijn jullie allemaal mooi! Hoe komt het dat sommige van jullie dat niet vinden?? Ik zie zoveel meisjes van 9-12 jaar en allemaal hebben ze een andere lengte, huid en haarkleur, gezichtsvorm, lichaamsvorm, vorm van de ogen. Ik kan echt niet zeggen dat de een mooi is en de ander niet.

'Je bent mooi in de ogen van een ander. Een persoon kan iemand mooi vinden en de ander niet. Ik denk dat schoonheid hetzelfde als liefde is.' Julie, 10

'Vroeger schilderden de mannen altijd dikke vrouwen omdat ze die toen mooi vonden.' Katie, 10

'Schoonheid komt van binnenuit. Als je een goed mens bent, straal je dat uit en ik denk dat dat schoonheid is.' Samantha, 11

Links staan een aantal uitspraken over schoonheid van een aantal meisjes uit mijn groepjes. Denk eens na wat jij ervan vindt…

Dus, jullie mooie meiden allemaal, laten we samen een reisje maken, schijn en werkelijkheid uit elkaar halen en achter de reden komen waarom we geen goed gevoel over onszelf hebben bij het opgroeien!

Schoonheidskenmerken — kun jij me vertellen wat jij denkt dat *mooi* gevonden wordt?

Ik heb een onderzoekje gedaan naar de boodschappen die wij, meisjes, krijgen over schoonheid. Ik keek vooral in tijdschriften, naar reclameborden en reclamespotjes en wat we in films en muziekclips te zien krijgen. Ik heb er een lijst van gemaakt en het was verbazend om te ontdekken hoe al die boodschappen die ik over schoonheid kreeg op elkaar leken. Misschien wil jij je eigen lijstje maken voor je naar het mijne kijkt en dan vergelijken we die twee met elkaar.

De boodschappen die meisjes over schoonheid krijgen, zijn:

* Koop je kleren in sportzaken en andere winkels van merkkleding om er cool uit te zien.
* Stijl haar is beter dan krulhaar.
* Blond haar is beter dan bruin.
* Groot is beter dan klein.
* Tanden moeten altijd wit zijn, recht en het liefst klein.
* Grote borsten zijn beter dan kleine.
* Dun is in (behalve dan het borstgedeelte).
* Zeg nooit hardop dat je tevreden bent met jezelf, hoe groot je ook bent of hoe je er ook uitziet.
* Volle lippen zijn beter dan smalle.
* Lange wimpers zijn beter dan korte.
* Grote ogen zijn beter dan kleine.
* Kleine, rechte neuzen of wipneusjes zijn beter dan lange, gebogen neuzen.
* Dunne, smalle neusvleugels zijn beter dan brede, dikke neusvleugels.
* Een lichtgekleurde huid is beter dan een witte of zwarte.
* Een gezicht dat is opgemaakt is beter dan een natuurlijk gezicht, hoewel je make-up moet dragen op een manier dat het er natuurlijk uitziet. (Word daar maar eens wijs uit!)
* Zo veel mogelijk accessoires!!!
* Doe altijd lipgloss op.

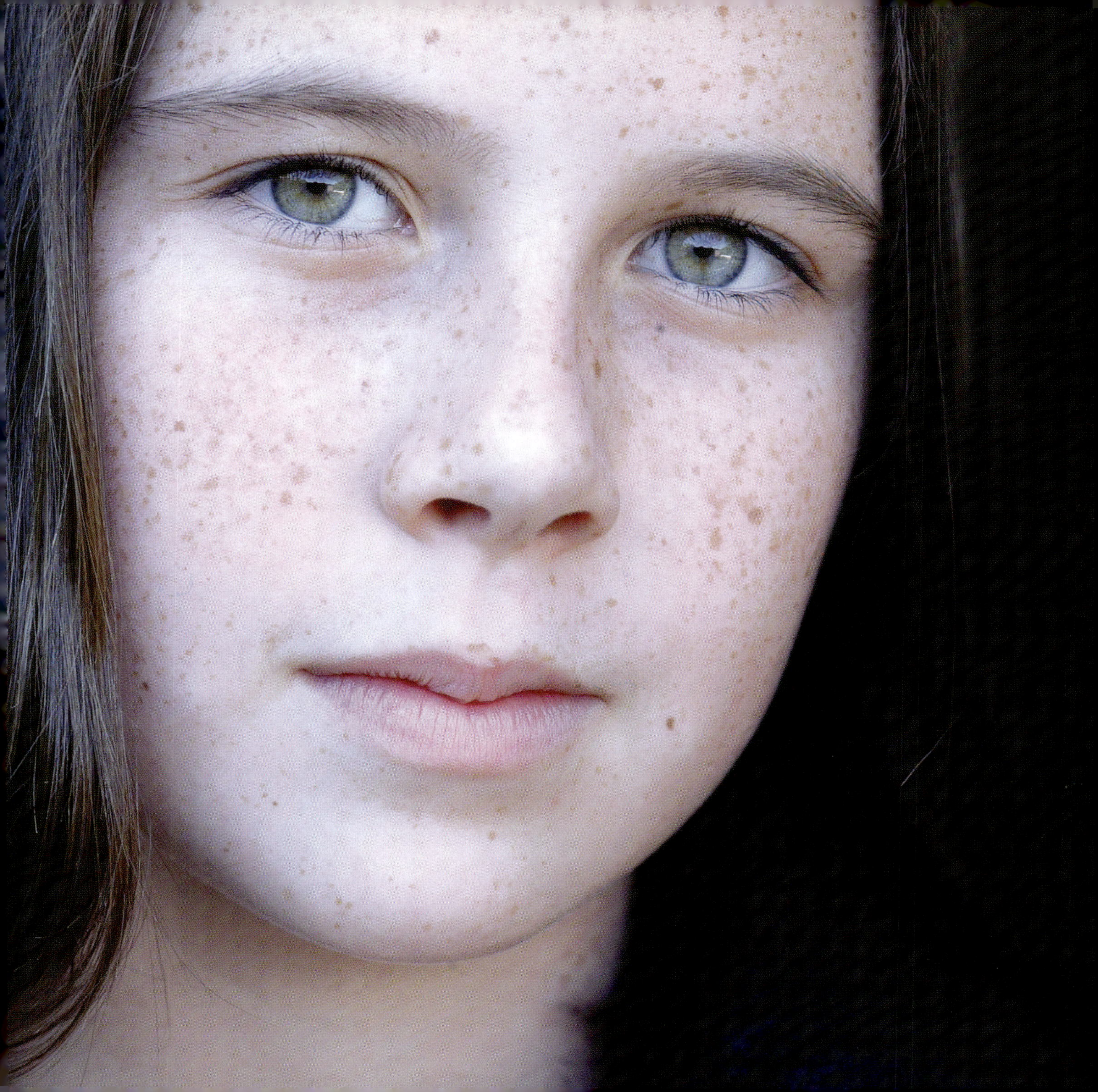

Als je deze boodschappen hebt overleefd en jij je nog steeds goed in je vel voelt, gefeliciteerd dan – je bent een flinke, hippe meid! Je hebt het bombardement SCHOONHEIDSIDEALEN overleefd. Die beoordelen jou op hoe je eruitziet, niet op wie je bent.

Helaas worden sommige meisjes platgebombardeerd en verliezen ze hun zelfvertrouwen na het lezen van tijdschriften voor tieners. Dat kan zo ver gaan dat ze drastische maatregelen gaan nemen om hun lichaam aan de buitenkant te veranderen. Gelukkig werkt het niet op die manier. Onderzoek heeft aangetoond dat vrouwen en tieners die altijd op dieet zijn, urenlang sporten of plastische chirurgie ondergaan, zich rot over zichzelf blijven voelen. Ik denk dat dat komt omdat zij nog steeds niet begrepen hebben dat schoonheid diep van binnenuit naar buiten schijnt.

De maat is belangrijk

Welke maat denk jij dat de gemiddelde vrouw heeft?

a) 28 **b)** 42 **c)** 36 **d)** 34 **e)** 40 **f)** zo dik als mijn tante Bertha

Als je **b) maat 42** hebt gekozen, dan heb je het goed.

> **70 procent van de vrouwen heeft maat 42-44**

Oké, laten we dit nu vergelijken met de kledingmaat van het gemiddelde model uit een tijdschrift. Welke maat denk jij dat zij heeft?

a) 40 **b)** 38 **c)** 34 **d)** 36 **e)** 42 **f)** zo dik als oom Frank

Als je hebt gekozen voor maat 36-38 kun je jezelf weer een schouderklopje geven. Hoewel veel modellen maat 34-36 hebben, wat piepklein is als je rekening houdt met hun lengte. De minimumlengte voor de meeste modellen is 168 cm. Dat is nogal groot voor iemand met maat 36 of 38 of ze moeten echt heel dun zijn. Als de gemiddelde vrouw maat 42 heeft, waarom denk je dan dat al die vrouwen in tijdschriften en tv-reclames 2 tot 3 hele maten kleiner hebben?

De kleding-, make-up-, gezichtscrème-, accessoires- en schoenenindustrie moeten allemaal geld verdienen. En dat doen ze door jou te laten geloven dat jouw natuurlijke uiterlijk niet oké is en dat je al hun spullen moet kopen om je wel oké te voelen en je het gevoel te geven dat je erbij hoort. Dat wij ons onzeker, zonder zelfvertrouwen en zelfs depressief voelen is in feite goed voor hun zaken, want dat betekent dat jij gaat kopen-kopen-kopen!! Ooit gehoord van shoptherapie? Als je je rot voelt, is het beter om met een vriendin te gaan praten of een flinke knuffel van je moeder te krijgen dan geld uit te gaan geven aan spullen die je volgens de fabrikanten nodig hebt.

In werkelijkheid zijn wij er in allerlei verbazingwekkende soorten en maten. Dat is wat ons zo fantastisch maakt – dat we allemaal verschillend zijn. Maar helaas lijkt de modellen- en kledingindustrie te zeggen dat we allemaal één vorm en één maat moeten hebben: slank. Boehoe! En ik beweer dat het tijd is om terug te vechten en dat vechten begint bij jou! Ja, bij jou!

Nu denk je misschien: ik? Maar ik ben pas 10. Wat heb ik ermee te maken? Ik begin nog maar net die borstknopdingetjes te krijgen! Ja, dat is waar – je staat nog maar aan het begin van je groei naar volwassenheid. Maar weet je, waarschijnlijk krijg je die boodschappen al sinds lange tijd. Misschien weet je hier al alles van. Meestal kunnen de meisjes in mijn groepjes me alles vertellen over de bekende kledingmerken en kunnen ze ten minste één dieet opnoemen waarover ze onlangs in een tijdschrift hebben gelezen. De boodschap die we

krijgen is dat hoe we eruitzien belangrijker is dan wie we zijn. Laat het me recht voor z'n raap zeggen – echt niet! Dat is niet zo.

En weet je wat? Wij, volwassenen, worden er ook ernstig door beïnvloed. Velen van ons voelen zich ongemakkelijk en onzeker over ons uiterlijk, onze leeftijd en onze lichaamsvormen.

Misschien heb je je moeder wel eens over zichzelf horen praten of je tante, grote zus, oma, nicht of misschien zelfs je lerares op school. Klinkt een van de volgende zinnen je bekend in de oren? 'Jee, ik voel me net een varken nu ik dit opheb', 'Hé, je krijgt een dikkere bips, niet?', 'Ik voel me hierin zo dik', 'Kijk eens naar haar voeten, het lijken wel schuiten', 'Ziet (naam invullen) er niet prachtig uit, ze is zo slank?', 'Hm, is dat niet al je tweede toetje (lachend met een afkeurende blik)?'

We horen en zien deze boodschappen zo vaak dat ze zomaar uit onze mond rollen als een brok kleverige chocoladecake met een dikke laag slagroom. Het is dus niet zo gek dat we ons aansluiten bij andere vrouwen in de angstaanjagend besmettelijke 'vetcontroleclub'. Ik laat de mannen hier buiten beschouwing, want het lijkt erop dat zij ons graag met ronde vormen zien. Dat komt steeds naar voren in onderzoeken in vrouwentijdschriften. Over het algemeen willen zij zachte, snoezige, ronde lichamen die ze kunnen knuffelen en vasthouden. Zij zijn meer voor maat 40 tot 42 dan voor 36 tot 38. Dus waarom willen wij dan per se vermageren? Omdat we constant gebombardeerd worden met boodschappen over hoe we eruit moeten zien en omdat we onszelf ervan laten overtuigen dat we zijn zoals we eruitzien. Maar dat is niet zo! Dat is maar een deel van wie we zijn – de rest komt van binnenuit en dat is het allerbelangrijkste.

> **De wonderbaarlijk vermagerde vrouw**
> Wist je dat modellen 20 tot 30 jaar geleden 8 procent minder wogen dan de gemiddelde vrouw? Tegenwoordig wegen ze 23 procent minder.

DE BOODSCHAP VAN PUBERMEID IS:

Schijn diep vanuit jezelf, dan zullen er altijd zonnestralen van jou afstralen, wat voor weer het buiten ook is! Jullie uitdaging, lieve pubermeiden, is om deze oude, vervelende, ouderwetse, beperkende onzinboodschappen over schoonheid te veranderen en onze eigen schoonheidsboodschappen te creëren! Sluit vriendschap met andere meisjes die het schoonheidsbeeld willen veranderen en wees trots op jezelf, je kracht en je creativiteit als meiden-vrouwen van de toekomst!!

Hier volgen enkele suggesties die je kunt uitproberen:

- Luister naar je lichaam. Eet wanneer je honger hebt.
- Neem een ontbijt. Het is een goede start van de dag en het helpt je om je beter te concentreren op school.
- Doe niet mee met grappen over de maat, het lichaam of het uiterlijk van iemand, moedig ze niet aan en lach er niet om.
- Maak een lijstje van dingen die jij zelf leuk vindt om te doen – niet vanwege je gezicht, kleur of lichaamsvorm.
- Geef mensen vaker een complimentje over hun ideeën, persoonlijkheid en prestaties in plaats van over hun lichaam en uiterlijk.
- Denk aan jezelf als je beste vriendin. Herinner jezelf er (dagelijks!) aan dat je mooi bent zoals je bent. Denk aan jezelf als iemand die je echt leuk vindt en samen met jou wil zijn!
- Wees een vriendin die geeft om de ander en behandel mensen vriendelijk. Ga met vriendinnen om die om jou geven en die jou vriendelijk behandelen!
- Schrijf aan tijdschriften voor meisjes en vertel ze welke veranderingen jij graag zou zien in hun reportages over schoonheid en lichaam en niet over de stereotypen van schoonheid. Vraag naar modellen met verschillende lichaamsvormen en maten en feliciteer het tijdschrift als het op jouw vraag ingaat.

Vermijd vooral (en dat zal lastig zijn) praatjes en roddel als jij en je vriendinnen hun lichaam met elkaar vergelijken en wat je van het lichaam van andere meisjes vindt.
Ga niet bij de 'vetcontroleclub'! Als jij jezelf toch wilt vergelijken met anderen, probeer dan te onthouden dat we allemaal van nature verschillend zijn. Dat betekent dat we allemaal onze eigen speciale kwaliteiten hebben. Maak een lijstje van je sterke kanten. Wat vind je leuk om te doen? Waardoor ben jij uniek? Ik weet zeker dat je vriendinnen je hierbij kunnen helpen.

Dit is wat sommige pubermeiden over schoonheid vinden:
- 'Als ik in een tijdschrift kijk heb ik het gevoel dat ik, als ik er mooi uit wil zien, moet lijken op de modellen in het tijdschrift.'
- 'Als je er niet hetzelfde uitziet als een model stel je niets voor – je laat jezelf in de steek en dan kun je een eetstoornis krijgen.'
- 'Ik denk dat schoonheid van binnenuit komt.'
- 'Hun ogen (van de modellen) zouden eigenlijk donkere kringen moeten hebben omdat ze laat opblijven.'

Laten we nu een poosje de camera op jou richten. Als iemand een foto van jou zou maken, wat zou dan je eerste reactie zijn?
a) Ja, cool, doe maar, ik zeg met een grote lach 'cheese'.
b) Alsjeblieft niet! Ik haat foto's van mezelf! Ik moet nodig afvallen...
c) Jeetje! Ik ben zo dun, ik moet nodig aankomen.

Welkom bij de club als je b) of c) hebt gezegd. Over het algemeen zijn tienermeisjes minder tevreden over hun lichaam dan tienerjongens.

Door onze woelige hormonen is het heel normaal dat meisjes met name rond hun middel dikker worden. En dan krijgen we ook nog plotseling borsten en groeien er haren op plaatsen waar we zelfs niet hardop over durven spreken. Je gelooft het misschien niet, maar sommige meisjes ervaren puberteit als: 'Borsten! Gaaf!' Maar voor andere meisje kan het lijken alsof ze de controle verliezen en het liefst zouden ze alleen nog maar gillen: 'Argh! Ik wil weer als vroeger zijn, ik wil weer als vroeger zijn!'

Op dit ogenblik kunnen we ons heel kwetsbaar voelen en in slechte gewoontes vervallen, zoals diëten met het bekende jojo-effect tot gevolg, onszelf uithongeren of onszelf dwingen extreem te gaan sporten. Of we kunnen ons zo verloren voelen dat we ons beginnen vol te proppen met eten – dat wil zeggen eten, eten, eten en nog eens eten. Het allerergste scenario is dat meisjes eetbuien hebben en daarna boete doen, wat betekent dat ze zichzelf daarna dwingen over te geven.

'In de pubergroep kon ik niet één klein aardig dingetje over mezelf vertellen. Toen zei mijn vriendin Sandra dat ze vond dat ik een heel goed gevoel voor humor had en dat ik glanzend, bruin haar had. Ik schaamde me een beetje, maar tegelijkertijd was het leuk om te horen.'
Charlotte, 10

Deze eetstoornissen heten **eetbuien, anorexia** (meisjes hongeren zichzelf uit en doen buitensporige lichamelijke inspanningen) en **boulimia** (meisjes hebben eetbuien en dwingen zichzelf daarna om over te geven). Misschien heb je hier al van gehoord. Ik heb meisjes in mijn groepjes gehad die hun hand opstaken en zeiden dat ze iemand uit hun klas kenden van wie ze dachten dat ze boulimia had. Misschien ken jij ook iemand.

Wat gebeurt er als iemand anorexia heeft?

De juiste term is anorexia nervosa. Het gaat om meisjes (en jongens) die niet willen eten, omdat ze echt heel bang zijn om aan te komen. Ze gaan hierin zo ver dat ze zichzelf uithongeren. Ook als dat gebeurt en ze ontzettend veel afvallen, denken ze nog steeds dat ze dik zijn als ze in de spiegel kijken. Dat is slecht voor hun gezondheid en in een aantal afschuwelijke gevallen sterven er meisjes aan. Er zijn gelukkig heel veel mensen en instanties die iemand met anorexia kunnen helpen. Kijk maar eens op internet.

Wacht! Er is hoop—wat kun je eraan doen?

De eerste stap is dapper genoeg zijn om toe te geven dat je een probleem hebt. Dat kan beangstigend zijn, want misschien heb je het gevoel dat je slecht bent of dat je ouders teleurgesteld zullen zijn in jou. Haal diep adem en praat erover met je ouders en ga samen naar de huisarts of een hulpverlener. Ook als je het eng vindt om toe te geven dat je een eetprobleem hebt, want je leven kan ervan afhangen!

Wat is boulimia nervosa?

Dit komt vaker voor dan anorexia en begint meestal ook tijdens de adolescentie. Het is een steeds weer terugkerend patroon van eetbuien (waarbij grote hoeveelheden in korte tijd worden gegeten) en daarna alles weet uitspugen.

Helaas wordt het in tijdschriften geromantiseerd door het plaatsen van foto's en verhalen van bekende actrices en zangeressen die zeggen dat zij boulimia hebben gehad. Er worden foto's over superdunne mensen in tijdschriften gepubliceerd waarbij je denkt: O mijn God! Ik denk dat dit aan ons een dubbele boodschap geeft over slank-zijn en glamour. Maar geloof me, er is niets glamoreus aan hangen over een toilet en overgeven.

Meisjes die hebben geworsteld met boulimia zeggen meestal dat ze begonnen met overgeven toen ze probeerden een dieet te volgen en zij het gevoel hadden dat het niet werkte. Boete doen of overgeven wordt meestal gecombineerd met een heleboel sport. Ik wil hier wel gauw aan toevoegen dat sommige meisjes die zichzelf af en toe dwingen over te geven nadat ze te veel hebben gegeten niet meteen boulimia hebben, hoewel dit gedrag wel ongezond is. Uit onderzoek is gebleken dat dit na de adolescentie weer overgaat.

Hoe kun je een vriendin helpen, vriendin?

Als je iemand kent die anorexia of boulimia heeft, vraag je je misschien af hoe je daarover met haar zou kunnen praten. Misschien wil je eerst met een volwassene praten of met je huisarts om advies te krijgen. Ook kun je op internet naar websites over eetstoornissen zoeken.

Veel mensen die worden behandeld voor anorexia of boulimia kunnen dit doen met de steun van anderen in hun leven. Het is vaak heel moeilijk voor mensen met deze stoornis om zelf te bellen of om zich aan de afspraken te houden. Vaak hebben ze vriendinnen en familie nodig voor het nemen van de eerste stap.

Hoofdstuk 6

Puber KRACHT
— zorg goed voor jezelf!

Vette huid, puistjes, pukkeltjes

Acne is het medische woord voor verschillende huidaandoeningen, zoals puistjes en mee-eters.

Puistjes ontstaan door een teveel aan **talg** (huidsmeer) in onze haren en onze huidporiën. De talg komt uit kliertjes, de talgklieren, in onze huid. Rond de puberteit, als er meer hormonen in je lichaam vrijkomen, maken deze klieren overuren. We hebben dit vet nodig om onze huid en onze haren soepel te houden, maar de poriën kunnen verstopt raken door het extra vet en dan wordt zo'n rode pukkel op het puntje van je neus gevormd. Bij de meesten verdwijnen die puistjes na de tienerjaren vanzelf. Als je vader of moeder puistjes heeft gehad, dan is het niet verwonderlijk dat jij ze ook krijgt, want acne is meestal erfelijk.

Nu je een pubermeid bent, heb je misschien al kleine babypuistjes in je gezicht opgemerkt. Ze verschijnen als kleine bultjes op je neus, net boven je wenkbrauwen en rond je kin of als vergrote poriën op je neus en kin. Vooruit, kijk eens goed en verbaas jezelf – bekijk je gezicht maar eens goed (eh ... 'Kijk', niet: 'Knijp'!). De plaats waar de meeste meisjes puistjes krijgen, heet de T-zone. Daar zijn de poriën in je huid groter en hebben ze meer kans om door talg verstopt te raken. Mmm, charmant!

Wat is het verschil tussen een wit kopje en een zwart puntje?

De beschrijving maakt al het eerste zichtbare verschil duidelijk: het ene is wit en het andere is donker of zwart. Als een porie in de huid verstopt raakt en helemaal wordt afgesloten, wordt ze een beetje dikker en rood en komt er een klein, wit kopje op. Dat is je huis-tuin-en-keukenpuistje.

Als een porie verstopt raakt maar openblijft, kan het puntje donkerder worden. Dat is dan de mee-eter.

Puistjes kunnen kleine en vrij pijnloze bultjes zijn die al na een dag of twee verdwijnen, maar ze kunnen ook groot, rood en pijnlijk worden. Meestal verschijnen puistjes op ons gezicht, maar we kunnen ze ook op onze rug, nek, borst, schouders en zelfs op onze bips krijgen!

Oké, dus ik ben gedoemd tot etter — wat kan ik eraan doen?

Je kunt je puistjes zeker wel behandelen en ze zelfs bestrijden door goed voor je huid te zorgen. Probeer de talg die zich in je haar en op je gezicht opstapelt te verminderen door je vaker te wassen. Ik herinner me dat het, voor ik ongesteld werd, voldoende was eenmaal per week mijn haren te wassen. Jongens, hoe dat veranderde! In de PP (postperiode), dus nadat ik ongesteld was geworden, moest ik bijna iedere dag mijn haren wassen om ze schoon te houden.

Was je gezicht tweemaal per dag met een mild zeepvrij reinigingsmiddel en warm water. Je hebt echt niet al die luxueuze schuimende wasgels nodig. Uiteraard is het verstandig om je gezicht ook nog een keer te wassen na het sporten, als je veel gezweet hebt. Doe het voorzichtig: misschien denk je dat je door heel hard te schrobben van de puistjes kunt afkomen, maar daardoor wordt je huid juist geïrriteerd. Het huidoppervlak droogt uit, de talgklieren in je huid worden gestimuleerd en je maakt nog meer talg aan en hupsakee, je krijgt nog meer puistjes!

Probeer je gezicht niet met je handen aan te raken. Vuil of bacteriën van je handen kunnen overgebracht worden op je gezicht en een infectie veroorzaken. Ja, zelfs als je je gezicht of kin even in je handen laat rusten tijdens het lezen kan dit gebeuren! Was je handen regelmatig. Ik bedoel niet iedere 5 minuten, maar bijvoorbeeld wanneer je naar het toilet bent geweest, vet voedsel hebt gegeten of je kamer hebt opgeruimd.

Als je haargel of een ander soortgelijk product gebruikt, probeer dat dan niet op je gezicht te smeren, want daardoor kunnen je poriën ook verstopt raken.

Waarschuwing... puistjesalarm... waarschuwing

Pulk, knijp of krab niet aan je puistjes. Ik weet dat het heel verleidelijk is als dat witte kopje op het puntje van je kin jou in de spiegel aanstaart en bijna smeekt om uitgeknepen te worden. Dit kan je huid verslechteren en littekens veroorzaken of kleine putjes. Heel veel uitknijpen stimuleert de talgklieren extra en kan mogelijk nog meer puistjes veroorzaken.

MYTHE: Heb je wel eens gehoord dat chocolade en gefrituurd voedsel puistjes veroorzaken? Men dacht en denkt nog steeds dat je minder of geen puistjes krijgt als je dat voedsel vermijdt. Hoewel er geen medisch bewijs hiervoor is, wil je misschien toch wat advies van grootmoeder aannemen (net zoals het eten van haar kippensoep als je ziek bent!). Het helpt misschien niet, maar kwaad kan het zeker niet! Het is in ieder geval niet goed om met je vette handen aan je gezicht te komen als je net een vette hamburger of een kleverige chocoladereep hebt gegeten, want dan kunnen er bacteriën in je poriën komen.

Als je echt een rijp puistje (zoals ik ze noem) wilt uitknijpen (je weet wat ik bedoel als je er eentje ziet! Het schreeuwt bijna: 'Knijp me uit, KNIJP ME NU UIT!!'), dan stel ik voor dat je het volgende doet: wikkel beide wijsvingers in een papieren zakdoekje en knijp het kopje er heel zachtjes en langzaam af. Spoel je huid daarna met warm water en dep er met een watje wat tonic, bijvoorbeeld hamamelis, op. Hamamelis betekent toverhazelaar en is een natuurlijke plant die helpt de poriën te zuiveren en ze laat samentrekken. Het is niet zo duur en is te koop bij drogisterijen.

Een ander goed idee is om een beetje tea tree of lavendelolie op je puistje te doen. Dat zijn geweldige natuurlijke ontsmettingsmiddelen. Hopelijk word je 's morgens wakker en is het puistje verdwenen of in ieder geval flink wat kleiner geworden!

Hier een haar, daar een haar, overal een haar

Waarschijnlijk heb je gezien dat er steeds meer van die alfalfasprietjes onder je armen en in de schaamstreek groeien en dat het haar op je armen en benen donkerder is geworden. Haar is heel persoonlijk en ik sta er altijd versteld van waar dat spul allemaal kan groeien. Het blijft niet alleen bij schaamhaar en okselhaar en de haren op je benen. We kunnen ook haar krijgen op onze kin, boven onze lip, op onze tenen, rug, borst (rond het tepelhof) en zelfs op onze bips! In sommige culturen vindt men haren op de onderarmen en benen sexy.

Laat het maar lekker zitten

Alles wat je kunt doen in deze fase is gewoon achteroverleunen, je ontspannen en het haar laten groeien! Dat is goedkoop, makkelijk en pijnloos, want waarschijnlijk is het nauwelijks zichtbaar nu je nog een jonge tiener bent. Later wil je misschien over ontharing nadenken. Maar dat gaat je wel regelmatig geld kosten.

Lichaamsgeur — het parfum van je lichaam

We moeten allemaal zweten. Als we dat niet deden, dan zouden we waarschijnlijk spontaan tot zelfverbranding overgaan, want door te zweten koelt het lichaam af! Via onze talg- en zweetklieren ademt onze huid en raken we onze afvalstoffen kwijt. Tienerzweet is anders dan kinderzweet. Om te beginnen zweten we meer. Het is alsof de zweetthermostaat in ons lichaam op hoog is gezet! De gebieden die er het meest last van hebben zijn onze oksels en geslachtsdelen. Dat komt omdat een van onze zweetklieren, de **apocriene zweetklier**, vooral in deze gebieden zit. Deze klieren regelen of controleren de hoeveelheid zweet die wij produceren. De andere zweetklieren, de **eccriene** klieren, laten het zoute vocht naar buiten gaan waardoor we goed kunnen afkoelen.

Waardoor gaan deze zweetklieren pompen? Dat gebeurt niet alleen tijdens een ontzettend hete dag in de zon. We kunnen ook zweten na het sporten of als we zenuwachtig, gestrest of bang zijn.

Zolang we ons regelmatig wassen ruikt onze natuurlijke lichaamsgeur lekker. We kunnen ons hierdoor zelfs tot elkaar aangetrokken voelen. Heb je ooit iemand ontmoet die je leuk vond omdat hij of zij een lekkere lichaamsgeur had? De lekkere lichaamsgeur wordt lichaamszweet als het zweet in de lucht komt en geen tijd heeft om te verdampen. Bacteriën die vrijkomen uit de zweetklieren onder onze armen, voeten en in de schaamstreek zetten het zweetvocht om in die onmiskenbare muskusachtige geur. Ja – dat is het spul wat ons soms de adem beneemt en niet op een goede manier!

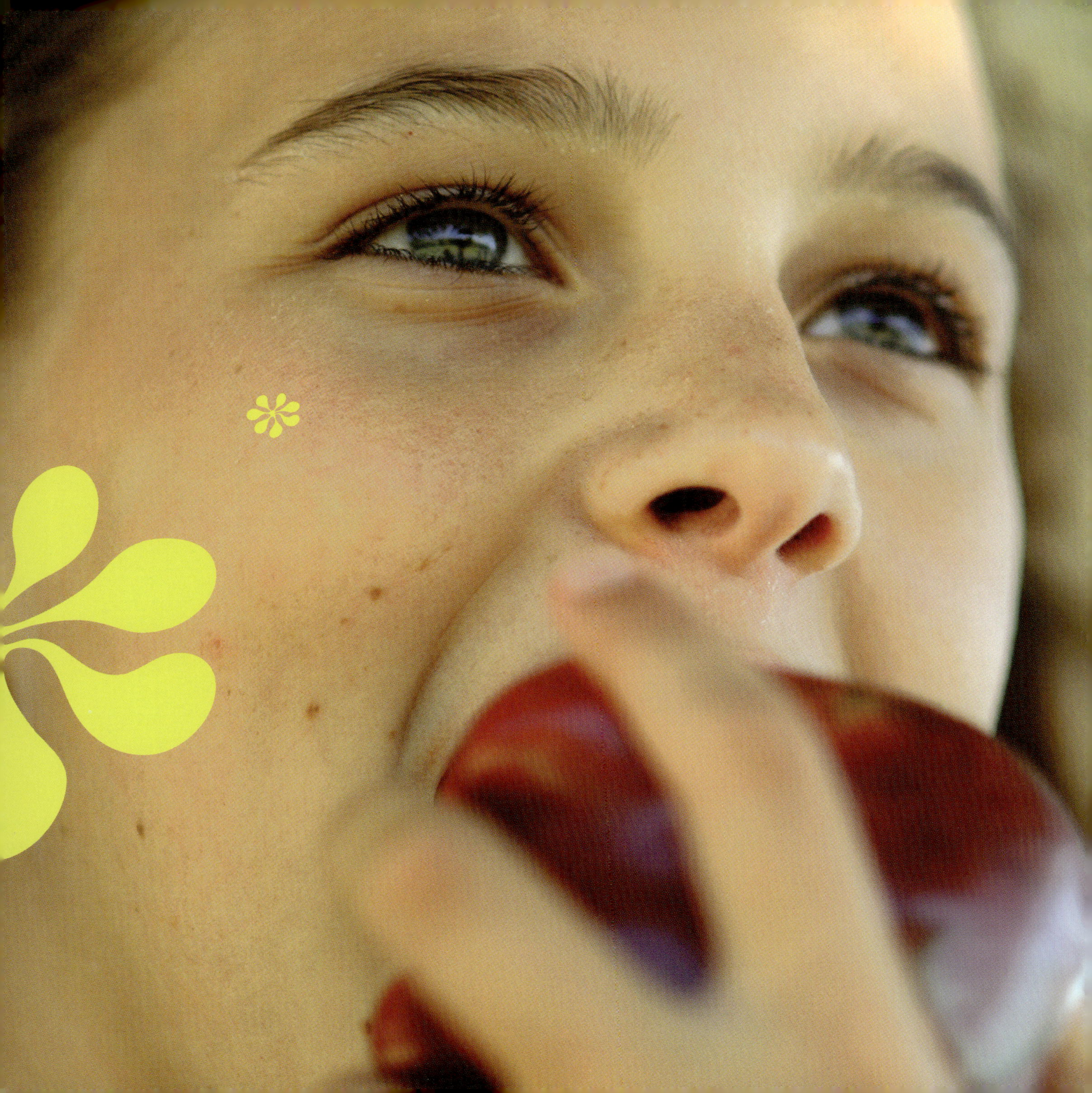

Hoe blijf je fris en houd je het hoofd koel?

We hebben allemaal in zekere mate een lichaamsgeur, maar daar kunnen we een heleboel aan doen. Het ligt voor de hand dat je goed op je persoonlijke hygiëne moet letten.

* Neem dagelijks een douche of bad. Gebruik een milde zeep en warm water voor onder je armen en rond je bips en je geslachtsdelen.
* Doe iedere dag schone kleren, ondergoed en sokken aan. Ruik aan een T-shirt of sokken die je al gedragen hebt voor je ze aantrekt. Dat kan al genoeg zijn om ze niet nog een keer te dragen.
* Draag kleren van natuurlijke of 'ademende' materialen (zoals 100 procent katoen of een samenstelling van linnen en katoen). Hierdoor blijf je droger, omdat deze stoffen de lucht laten circuleren en omdat ze vocht opnemen. Vermijd kleren van nylon en synthetische stoffen die niet ademen en bovendien vocht vasthouden.

Sommige mensen stoppen hier. Zolang je je regelmatig wast en schone kleren draagt, hoeft er niets mis te zijn met de geur die je van moeder natuur hebt gekregen, maar:

* Als je veel cola drinkt (dat wil zeggen spul waar cafeïne inzit), drink er dan wat minder van, want hierdoor gaan je apocriene zweetklieren harder werken.
* Drink veel water. Dat houdt de eccriene klieren actief en maakt de geur van je lichaam minder sterk. Eet heel veel fruit en groente. Wat je eet kan uiteindelijk door je poriën naar buiten komen en beïnvloedt je geur.

Sprays, sticks, rollers— deodoranten en antitranspiratiemiddelen

Het verschil tussen een deodorant en een antitranspiratiemiddel is dat een deodorant de geur verhult, maar het zweten niet stopt. Antitranspiratiemiddelen kunnen aluminium bevatten dat eigenlijk het

> Mijn vriendin heeft een niet zo lekkere lichaamsgeur. Soms maken kinderen op de speelplaats achter haar rug opmerkingen hierover of ze trekken een gezicht, wat ik heel erg vind. Moet ik haar dat vertellen of het haar op een andere manier duidelijk maken?
> VAN
> ELIZA DE GOEDE

Lieve Eliza
Jazeker, je moet het je vriendin vertellen. Misschien heeft ze niet in de gaten hoe erg het is. Ze kan het beter van jou horen dan van iemand anders die haar misschien pest of gemeen is tegen haar. Zorg ervoor dat ze weet dat je het haar zegt omdat je om haar geeft. Lavendelolie is een geweldige natuurlijke deodorant!

natuurlijke proces van het zweten stopt of vermindert. Op de lange duur kan dat schadelijk zijn, want hierdoor stapelen zich gifstoffen op die eigenlijk je lichaam zouden moeten verlaten. Antitranspiratiemiddelen zullen ook vlugger huidirritaties veroorzaken dan deodoranten.

Prachtig bruin (Ik denk het niet!)

Door onze armen en benen iedere dag 10 minuten aan het zonlicht bloot te stellen, krijgen we onze dagelijkse portie vitamine D binnen. Door urenlang in de zon te blijven tijdens de piekuren (dat is van 10 uur 's ochtends tot 3 uur 's middags) kook je jezelf letterlijk en kan je huid beschadigd raken. Om te beginnen kun je vroegtijdig rimpels krijgen en het slechtste scenario is dat je huidkanker krijgt. (Oh, en tussen haakjes, door bruin te worden verdwijnt je acne niet. Met een bruine kleur zijn je puistjes misschien tijdelijk minder zichtbaar, maar de schade die de zon aan je huid toebrengt is op de lange duur veel erger dan pukkeltjes.)

Wat bruin worden met je huid doet

Een bruine kleur is het zichtbare bewijs dat je huid beschadigd is. Als ultraviolette stralen van de zon op je huid komen worden de cellen, **de melanocyten**, aangezet om een bruin pigment dat **melanine** heet, te produceren. Melanine is een natuurlijke bescherming van je huid. Hoe minder melanine we hebben, hoe minder we zijn beschermd. Bijvoorbeeld, als je van oorsprong Engels, Iers, Schots of Noord-Europees bent, heb je minder melanine. Je huid is dan witter en ze verbrandt sneller in de zon. Als je een Indische, Afrikaanse, Indonesische achtergrond hebt of je bent een oorspronkelijke inwoner van Australië (een aboriginal), dan kun je een zwarte of donkerbruine huid hebben. Dat betekent dat je meer melanine hebt, wat een grotere bescherming tegen de schadelijke stralen van de zon geeft.

De langetermijneffecten van de zon

Wat voor kleur je huid ook heeft, meer kan melanine niet doen. Als je in de zon blijft zitten, kunnen de uv-stralen uiteindelijk je huid beschadigen. De effecten daarvan kunnen afschuwelijk zijn en zijn niet meer terug te draaien! Misschien krijg je rimpels, ouderdomsvlekken, of een vlekkerige, leerachtige, uitgezakte huid die ouder lijkt dan hij is. Later kun je huidkanker krijgen.

Slim op het strand

Als je in de zon bent, onthoud dan om:

- Een zonnebrandmiddel op te brengen met een BF (beschermingsfactor) van 30. Koop er een zonder olie of die geen puistjes veroorzaakt. Dat betekent dat de crème je poriën niet verstopt, zodat je geen acne krijgt. Lees het etiket of vraag aan de apotheker welke de beste is.
- Uit de zon te blijven tussen 10 uur 's ochtends en 3 uur 's middags – als de zonnestralen het sterkst zijn.
- Zowel op bewolkte als op zonnige dagen een zonnebrandmiddel op te doen.
- Je huid te beschermen door een T-shirt en een pet te dragen.

Hoofdstuk 7

Ik ben de baas over mijn
LICHAAM!

Wat bedoel ik als ik zeg dat je baas bent over je eigen lichaam? Wel, dat gaat over vertrouwen hebben in jezelf en je gevoelens. Het gaat over je bewust te zijn van wat goed en fijn en veilig voelt voor jou in jouw dagelijkse wereld waarin mensen je op verschillende manieren aanraken. En wat heel belangrijk is, het gaat erover dat je in staat bent hardop te zeggen wanneer iets niet goed voelt voor jou.

De meesten van ons hebben op school al wat informatie gehad over het gevaar van vreemden. We hebben geleerd dat we het moeten vertellen als we vreemde mannen zien rondhangen in de buurt van parken, bosjes en speelpleinen. En we weten nu hoe we zulke mensen uit de weg moeten gaan. Als ze ons lastigvallen weten we dat we 'Nee!' kunnen zeggen en weg moeten rennen om het aan onze ouders of andere volwassenen te vertellen.

Eh,oh! Hoe zit het dan met de aanraking van mensen die ik ken?

Het kan vreemd lijken om hierover te praten. Dat komt omdat we er niet bij stilstaan na te denken over wat goed voelt en wat niet! Denk er nu eventjes over na. Bij wie voelt het fijn als die jou aanraakt? Welke manier van aanraking voelt veilig en oké? Welke aanraking voelt ongemakkelijk alsof je vanbinnen samenkrimpt?

De mensen die wij kennen en ons aanraken zijn je moeder, vader, tantes, ooms, oma's, opa's, broers, zussen, leraren, vrienden van je vader en moeder, je eigen vriend(inn)en. Ze kunnen ons op de volgende manieren aanraken: knuffelen, omhelzen, hand vasthouden, over het hoofd aaien, je rug krabben, je voet masseren...

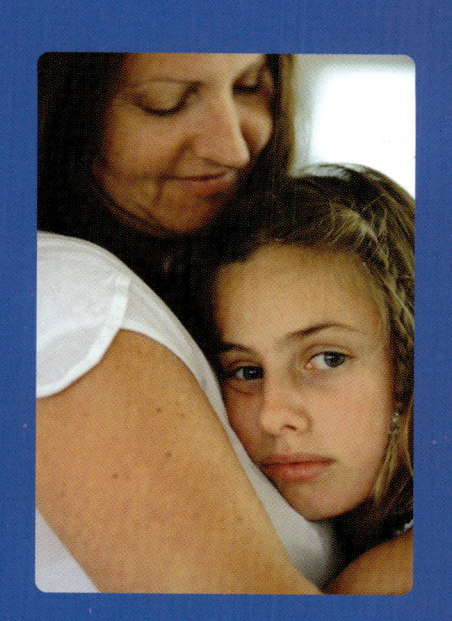

Kun je een manier van aanraken noemen die niet oké is? Waarvan alleen al de gedachte eraan je ziek maakt, je je ongemakkelijk laat voelen of bang maakt? Dit kan zijn wanneer je wordt gevraagd (of gedwongen) dingen te doen die je niet fijn vindt, het aanraken of strelen van je bips, natte zoenen op je mond, een omhelzing waarbij je fijngeknepen wordt, dat je geknepen wordt of iemand met zijn hand over jou wrijft of met zijn vingers komt op plaatsen die privé zijn. Ook als dit voor de allereerste keer tegen je zin gebeurt, moet je schreeuwen: 'HOUD ERMEE OP! DIT IS MIJN LICHAAM!' en wegrennen en het onmiddellijk aan iemand vertellen!

Je moet weten dat **je je door niemand hoeft te laten aanraken op wat voor manier dan ook, die voor jou onveilig voelt of seksueel is**. Dit heet misbruik, want het is verkeerd. Het is niet omdat we de persoon kennen dat die je kan aanraken op een vieze manier. Ook is het niet goed wanneer iemand jou vraagt hem of haar op een bepaalde plek aan te raken die jij niet fijn vindt. Soms is dit verwarrend, want het kan iemand zijn uit je familie of een vriend van je familie die we eigenlijk zouden moeten kunnen vertrouwen of bij wie we ons veilig zouden moeten voelen. Daarom is het dubbel, drievoudig, viervoudig zo belangrijk om op je eigen gevoelens te vertrouwen.

Ongewenste aanraking geheimhouden: BESLIST NIET, GRIET!

Luister nooit als iemand zegt dat je het geheim moet houden. Ze kunnen sluw zijn en je in de war brengen door dingen te zeggen als: 'Ik doe dit omdat ik van je hou' of 'Het is maar een spelletje' of 'Als je het doet, koop ik iets lekkers voor je'. Natuurlijk is dat pure onzin! Dit zijn alleen maar trucs om je te laten doen wat zij willen, zodat jij je eigen gevoelens opzijschuift. **Onthoud dat jij niets verkeerds hebt gedaan en door het aan iemand te vertellen zet je de eerste stap om een einde te maken aan een ongewenste aanraking.**

Wat kun je op zo'n moment doen of zeggen?

Het is moeilijk om op zo'n moment de juiste woorden te vinden, want we kunnen ons overrompeld voelen en een beetje bang. Het kan zo vreemd voelen dat we kunnen gaan denken dat we het ons maar inbeelden. Vertrouw op jezelf en je gevoelens, pubermeid! Je hebt het recht je veilig te voelen.

Hier staan wat manieren waarop meisjes die ik ken, hebben gereageerd.

* **Spreek luid en duidelijk.** Als er in de kamer naast jou een andere volwassene is, roep hem of haar dan om te komen helpen. Of vertel het zo snel mogelijk aan je ouders of een andere volwassene.
* **Duw weg.** Probeer zo snel mogelijk uit de kamer te komen.
* **Zeg ferm: 'Nee'.** Andere dingen die je kunt roepen zijn: 'Ik vind dit niet fijn! Stop! Niet doen! Mijn lichaam is van mij! Houd ermee op! Ik zeg het tegen mijn ... (moeder, leraar, tante, vriendin)'.
* **Vertel het aan iemand die je vertrouwt.** Dat kan een kennis zijn, een ouder van een vriendin, een leraar/lerares, een vertrouwenspersoon op school, de maatschappelijk werkster of de rector van de school. Ook kun je het aan je trainer, pastor of rabbi zeggen. Zoek iemand bij wie je je veilig voelt. Blijf het aan volwassenen vertellen tot ze naar je luisteren en je geloven en ze je helpen het te laten ophouden.
* **Als er een week voorbijgaat en niemand doet iets om je te helpen, vertel het dan aan een andere volwassene.** Blijf het vertellen tot je hulp krijgt. Als je geen volwassene kunt vinden die jou kan helpen, zijn er telefonische hulpdiensten die je kunt bellen op ieder tijdstip van de dag. Een heel goede is de **Kindertelefoon**. Dit is het nummer en het is gratis: in België: 0800-15111, in Nederland: 0800-0432. De persoon met wie je praat heeft ervaring in het helpen van kinderen met dit soort problemen.

Wie hoort er in jouw veilige netwerk?

Jouw veilige netwerk bestaat uit mensen bij wie je je op je gemak voelt. Mensen die je kent, vertrouwt en bij wie je je veilig voelt om ergens over te praten of om hulp aan te vragen.

Hier is een voorbeeld van een veilig netwerk voor meisjes: lerares, moeder, dokter Tanja, Ted, Poekie de kat, nicht, tante Patricia, beste vriendin Melissa, oma.

Hoofdstuk 8

Ruim de problemen
UIT DE WEG

De gids voor het oplossen van conflicten

Ik herinner me dat ik toen ik 11 was ruzie had met een vriendin die ontzettend populair was. Ruzie met haar betekende dat ik ook niet meer bij ons groepje hoorde – hoewel niemand dat hardop zei. Ik had allerlei vervelende dingen over haar bedacht: dat ze gemeen was en onze vriendschap niet waard was enz. enz. Dit ging zo door tot het tweede trimester. Toen gingen we eindelijk weer met elkaar praten en ik kwam erachter dat zij zich ook rot voelde, dat ze graag eerder contact met me had willen hebben, maar dat ze zich te gekwetst en te verlegen voelde.

Is dit jou ooit overkomen? Heb je de laatste tijd gemerkt dat er steeds vaker een misverstand ontstaat tussen jou en een vriendin of dat je botst met het karakter van een vriendin wat iedere keer ruzie tot gevolg heeft? Of nog erger, heb je met iemand ruzie gehad en heb je dat wekenlang laten liggen? Wilde geen van jullie tweeën met elkaar praten waardoor jullie elkaar veel narigheid hebben bezorgd, net zoals ik had gedaan?

Lieve meiden, de moraal van dit verhaal is: wacht er niet mee! Problemen oplossen zodra ze ontstaan is de beste manier om ermee om te gaan en om nog meer problemen of conflicten te voorkomen. Zet die conflictoplossende krachten aan het werk. Als we problemen kunnen oplossen, gaan we onze familie en vrienden nog beter begrijpen, respecteren en liefhebben dan we aanvankelijk al deden!

Een conflict — waar gaat het om?

Waarom zijn mensen het oneens met elkaar en maken ze ruzie? Wel, het draait altijd om verschil. We zijn allemaal anders, dus ook in de manier waarop we met elkaar communiceren en dingen begrijpen. Dat kan gaan over de waarden en normen van ons gezin, uit welke cultuur we komen, of we spiritueel zijn of religieus, hoe oud we zijn, of we jongens of meisjes zijn, de vriend(inn)en die we kiezen, onze gezondheid, of we een lichamelijke of geestelijke handicap hebben, de financiële situatie van ons gezin, en dat zijn er nog maar een paar. Door onze verschillen wordt de wereld waarin we leven rijk, maar er kunnen ook conflicten en spanningen door ontstaan. Het belangrijkste om te onthouden is dat anders-zijn niet betekent dat de ene beter is dan de andere. We hebben allemaal het recht om gelijkwaardig en met respect behandeld te worden. En dat geldt voor kinderen en voor volwassenen.

Wat doe jij als je met een conflict te maken krijgt?

ALS ER EEN CONFLICT IS:
a) spring je er dan in, lik je je lippen en rol je je mouwen op?
b) probeer je het dan te negeren en hoop je dat het overgaat?
c) maak je dan dat je wegkomt?
d) reageer je de ene keer als a), de andere keer als b) enz.?

Als je d) hebt gekozen, ben je op de goede weg. Op verschillende momenten en in verschillende conflicten kunnen we op een van deze manieren reageren. Een conflict kan ingewikkeld worden als we altijd op dezelfde manier reageren. Bijvoorbeeld wegrennen zou een goede oplossing kunnen zijn (het is een manier om fit te bijven!). Maar als je merkt dat hetzelfde conflict steeds weer terugkomt, dan is het misschien nodig dat je het onder ogen ziet en eraan gaat werken. Als je weet op welke manier een conflict steeds verloopt, heb je een goed startpunt. Lees verder en kijk of een van de volgende types een klein beetje op je vriendin, je zus, je buurmeisje, je nichtje of misschien op jezelf lijkt. Onthoud dat er altijd twee mensen nodig zijn voor een ruzie!

Onthoud . . .

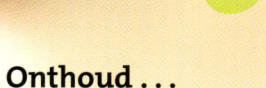

Het is niet goed wanneer iemand probeert jou een slecht gevoel te geven, je beschaamd of je ongemakkelijk te laten voelen over je eigen lichaam of om wie je bent. Als iemand jou plaagt vanwege jouw borsten, puistjes of zelfs vanwege je ongesteldheid, dan moet je dat probleem proberen op te lossen. Als jij zelf iemand plaagt, STOP er dan mee! Onthoud dat het anderen pijn doet als je hen plaagt en je weet maar nooit, de volgende keer ben jij misschien wel degene die geplaagd wordt!

Een ding dat echter beslist niet werkt om het geplaag te stoppen, is terugplagen. Schelden, kleinerende opmerkingen, wijsneuzig doen, sarcasme, 'Nanananana' roepen, maakt van jou net zo'n vervelend persoon als degene die met het plagen begon. Net als sarcasme kan het echt pijnlijk zijn en het vertrouwen en respect tussen familie en vrienden beschadigen.

Enkele conflicttypes
HET 'ALS-BLIKKEN-KONDEN-DODEN'-TYPE

Als iemand haar irriteert of als ze gewoon in een slechte bui is, schieten haar ogen vuur en werpt ze een vlijmscherpe, ijskoude blik rechtstreeks in het hart van haar slachtoffer, terwijl ze glimlacht! Je kent dit type wel.

Wat kun je doen?
- Het is heel verleidelijk om te maken dat je wegkomt bij dit type! Probeer het slechte gedrag te negeren en laat haar in haar eigen sop gaarkoken. Weet je wat? Het kan best zijn dat haar slechte humeur helemaal niets met jou te maken heeft. Het is het beste om met iemand anders op te trekken of ergens anders heen te gaan.
- Gebruik humor. Probeer zoiets als: 'Au, ik voelde net iets scherps tegen me aankomen. Het leek rechtstreeks uit jouw ogen te komen!'
- Wees direct en assertief: 'Nu maak je een paar scherpe opmerkingen die mij pijn doen. Wil je erover praten?' Als ze ja zeggen, dan is dat geweldig; het is een kans om elkaar beter te begrijpen. Als ze nee zeggen, dan is dat misschien een goed moment om te zeggen: 'Oké, ik zie je later wel'.

DE SCHREEUWERD
(Jeetje, krijgen ze nu nooit een pijnlijke keel?) Dit type kan een woede-uitbarsting over je heen storten en dan is het binnen een paar minuten weer over. Ondertussen sidder jij nog na! Dit soort gedrag is meestal gericht aan een broer of zus, vader of moeder en kan over van alles gaan, van het opeten van de laatste wafel tot iets ernstigers, zoals plagen.

Wat kun je doen?
- Terugschreeuwen heeft geen zin, dus probeer de ander te kalmeren door kalm te blijven. Vraag waarom ze zich zo ellendig voelen.

* Wees assertief: zeg dat je niet wilt dat er op die manier tegen je gepraat wordt en als ze niet ophouden, ga je weg. Als het een volwassene is die schreeuwt, vraag hem dan niet te schreeuwen, zodat jullie over het probleem kunnen praten.
* Als het er niet naar uitziet dat je het probleem op kunt lossen, heb je misschien de hulp nodig van een tussenpersoon (dat is een neutrale persoon die beide partijen evenveel steunt) zoals een ouder, een leraar/lerares of een andere goede vriend(in).
* Wat zeg je daar?? Jij bent de boosdoener! Dan is er hulp voor jou. Als jij denkt dat je door het lint gaat, stop dan. Haal een paar keer diep adem. Kalmeer jezelf door tot 10 te tellen. Loop weg van de situatie die jou boos maakt. Neem een adempauze, ga bijvoorbeeld een wandelingetje maken. Door te schreeuwen en te vloeken zorg je alleen maar voor een slecht gevoel en als je vaak op die manier reageert, hebben de mensen de neiging af te haken. Misschien werd jij ergens door gekwetst? Probeer je gevoelens duidelijk te maken en leg uit wat jou zou kunnen helpen.

VALS-SARCASTISCH

Wat ze zegt kan onschuldig zijn – het gaat erom hoe ze het zegt wat jou in het nauw drijft. Als ze op haar gedrag wordt aangesproken, kan ze beweren dat ze maar een grapje maakte.

Wat kun je doen?

* Negeer het als je kunt of geef een raak antwoord terug.
* Kom op voor jezelf en vertel haar hoe ze zich gedraagt: 'Ik weet dat je zegt dat je slechts een grapje maakt, maar je sarcastische opmerkingen zijn gemeen en doen mij pijn. Stop er alsjeblieft mee.'
* Probeer een vriendin te vinden die jou kan steunen. Het is heel fijn als er op zulke momenten iemand is die jou helpt.

IS HET ERG OM MET ONZE VRIENDINNEN RUZIE TE MAKEN?

Dikke vriendinnen kunnen een onuitgesproken regel hebben dat ze het altijd met elkaar eens moeten zijn, elkaar altijd moeten steunen en nooit door de ander geïrriteerd raken. Dit kan soms ook betekenen dat er van jou verwacht wordt dat je dingen zegt en doet die zij willen dat jij doet in plaats van dat je je eigen gevoelens volgt! Dat kan een beetje onredelijk zijn en als zij jou proberen te dwingen tot het doen van iets dat jij niet wilt, dan wordt het groepsdwang. Vind je dit goed?

Een vriendin vertelde me ooit dat ze mensen niet eerder echt vertrouwde voor ze ruzie met ze had gehad. Ik zeg niet dat je met opgerolde mouwen aan de slag moet, maar wat mijn vriendin bedoelde was dat ze graag alle kanten van iemand wilde leren kennen. De zonnige, speelse, liefdevolle kant en de mopperige trollenkant.

Aan een conflict werken is een heel goede manier om beter naar jezelf te kijken, naar je gewoontes en naar dat waarin je gelooft. Als er positief aan wordt gewerkt kan de verstandhouding tussen vriendinnen en familie door een conflict beter worden en de relatie werkelijk sterker worden.

Het volgende advies is misschien een beetje moeilijk op te volgen, maar het is het wel waard. Als je wat spanning voelt bij een goede vriendin of een lid van het gezin, vraag hun dan of ze jou willen vertellen wat ze nou echt leuk aan jou vinden en ook waar ze wel zonder zouden kunnen. Beloof dat je je goede punten sterker zult maken en zult werken aan de punten die voor jou een uitdaging betekenen.

Dat jouw vriendinnen iets doen of zeggen betekent nog niet dat jij hetzelfde moet doen! Denk na over wat jij belangrijk vindt en probeer trouw te blijven aan jezelf.

Leren luisteren naar je gevoelens tijdens de puberteit is een belangrijke eerste stap naar het opgroeien en het volwassenworden. Je eigen gevoelens respecteren is heel belangrijk als jij wilt dat anderen jouw gevoelens respecteren.

Werk aan je conflictoplossende kracht
HOUD HET SCHOON!
Nee, het gaat niet over het poetsen van je tanden of het nemen van een douche voor je ruzie gaat maken! Het gaat over een moeilijk gesprek veel beter laten verlopen dan waar je bang voor was:

* Als je anderen wilt vertellen hoe jij de dingen ziet, lever dan geen kritiek of doe niet neerbuigend, want dan luisteren ze niet meer.
* Vertel je klachten kort en beknopt. Als je er zo'n duizend klachten uit het verleden bij haalt, kan de ander geïrriteerd raken.
* Wees assertief – wat betekent dat je meent wat je zegt! De toon van je stem, je gezichtsuitdrukking en je lichaamstaal moeten met je woorden overeenkomen. Het kan misschien een beetje vreemd aanvoelen om op een ernstige toon te praten, maar dat hoort er nu eenmaal bij als je jezelf ernstig wilt nemen en wilt overbrengen wat je te zeggen hebt. Dus probeer het en wees dapper.
* Zeg niet: 'Het is niet eerlijk.' Daarmee beschuldig je de ander in plaats van dat jij de verantwoordelijkheid neemt voor wat je wilt. Praat liever over de verschillende mogelijkheden.
* Ga niet smeken (je weet vast wat ik bedoel: 'Oh, alsjeblieft, alsjeblieft, alsjebliehieft, mag ik de... Nintendo???). Behalve dat je vooral heel erg irritant bent voor iedereen binnen gehoorsafstand, levert het meestal niets op. Probeer duidelijk en kort te zeggen wat je wilt en de reden waarom dat zo is. Je ouders of leraar zijn misschien wel zo van hun stuk gebracht dat ze het aan je geven! Als het niet werkt, haal dan diep adem en vergeet het. Denk erover na, door aanvaarding wordt je waardigheid groter.

JE WEET DAT JE OP DE GOEDE WEG BENT ALS:
* Je werkelijk naar de ander gaat luisteren. Je de ander helemaal laat uitpraten zonder te onderbreken door jouw antwoord of mening te geven of je standpunt te verdedigen.

Wees een goede verliezer!!
Als het om conflicten gaat win je soms en verlies je soms! Van verliezen word je niet minder mens. In feite heb je er ontzettend veel moed voor nodig om zo nu en dan toe te geven dat je het fout had, terug te krabbelen of je gewonnen te geven.

Zet je innerlijke radar aan en richt je aandacht op jezelf
Doe je ogen dicht, leg je handen op je buik en adem een paar keer langzaam diep in. Denk een ogenblik na over je diepste wens om aan het conflict te werken en het op te lossen. Bijvoorbeeld, wil je een misverstand uit de weg ruimen? Wil je graag beter kunnen praten en een betere relatie met de ander? Of wil je gewoon gelijk krijgen?

- Je voelt dat je heel duidelijk hebt gemaakt hoe jij tegen de dingen aankijkt of wat jij nodig hebt zonder de ander te kleineren.
- Je het gevoel hebt dat je werkelijk elkaars standpunt begrijpt.
- Je erkent dat de andere ook een beetje gelijk heeft en jij de verantwoordelijkheid neemt voor jouw aandeel.
- Je even pauzeert, diep ademhaalt voor je iets gaat zeggen en de andere in de ogen kijkt.
- Je werkelijk medeleven voor de andere gaat voelen. Je laat met woorden, je stem, je gezichtsuitdrukking en lichaamstaal zien dat je geeft om de gevoelens van de andere.
- Je merkt dat je midden in de discussie gaat glimlachen of lachen. Soms worden we zoooo boos en zijn we zo overtuigd van ons gelijk dat we opeens horen hoe belachelijk we klinken. Lachen kan een teken zijn dat je je een beetje kunt ontspannen.
- Je voelt dat je kalm wordt. Er is wat minder spanning in je keel en gezicht. Je praat wat zachter, de trekken rond je ogen, mond en kaak worden minder hard.

MAAR ONTHOUD DAT DE DINGEN UIT DE HAND KUNNEN LOPEN ALS:
- Je begint te schreeuwen en je voelt dat je alleen maar wilt winnen.
- Je de andere niet laat uitpraten en steeds onderbreekt.
- Jullie beiden steeds maar weer in cirkeltjes rond blijven draaien en geen van beiden een beetje toegeeft.
- Je begint te schelden, plagen, vloeken of de andere bedreigt.
- Je de andere de schuld geeft voor alles wat er mis is gegaan.
- Je begint tegen te werken – dat wil zeggen geen reactie meer laat zien als de ander praat, wegkijkt, met je ogen rolt en alles wat zo ontzettend vervelend is als het jou overkomt.
- Alles in je lichaam zich strak aanspant – je gezicht, schouders, maag, kaak en handen – of als je je hopeloos voelt, buikpijn krijgt of je ziek begint te voelen.

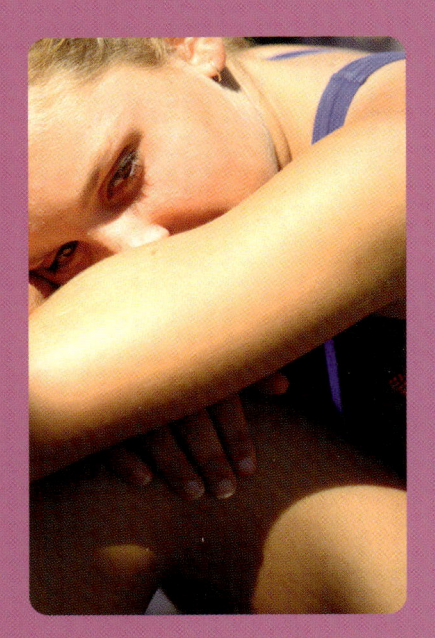

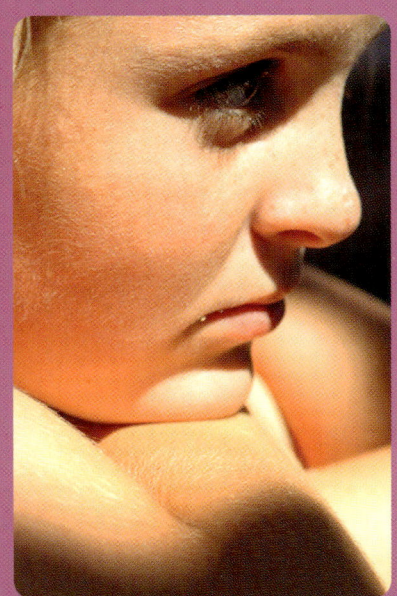

Pesten

Pesten is iemand met woorden of lichamelijk proberen te intimideren, bang te maken of pijn te doen. Dit kan gebeuren op het speelplein, in de klas of onderweg van huis naar school. Het kan op verschillende manieren gebeuren, zoals door plagen, vitten of soms door vechten. Het wordt vaak niet door één persoon gedaan – soms pest een groep een persoon of de ene groep pest de andere groep.

Wat je moet weten, pubermeiden, is dat pesten niet kan! Of jij het nu bent, of een vriendin of een zus of broer die gepest wordt, of dat het nu een bekende is die anderen pest, dit gedrag is ONAANVAARDBAAR en moet worden gestopt. Hoe stop je het, vraag je? Lees verder.

PLAGEN

Plagen kan persoonlijk zijn, maar vaak is het helemaal niet persoonlijk. Mensen richten zich op een uiterlijk aspect van ons zonder echt te weten wie we vanbinnen zijn. Zoals wanneer iemand ons plaagt of pest omdat we een bril dragen, te dik zijn, klein zijn of een andere huidskleur hebben. Daarom iemand plagen of pesten is absoluut belachelijk en zonde van de tijd! Pubermeiden, dit is jullie kans om op te komen voor het feit dat je verschilt van een andere en om te tonen dat je de verschillen in anderen respecteert. Zorg ervoor dat je vriendinnen je steunen als je dit doet. Het allerbeste wat jullie kunnen doen is er voor elkaar te zijn en voor elkaar op te komen.

HOE GA JE OM MET PESTERS?

❂ Hen met een maandverband op het hoofd slaan? Dat denk ik niet! Negeer ze en laat ze in hun eigen sop gaarkoken. Probeer met iemand anders op te trekken of loop ergens anders heen. Als je op het speelplein bent, ga dan dichter bij de leraren staan voor het geval ze met je gaan vechten.

- Zeg dat je het met ze eens bent. Daardoor raken ze volledig de kluts kwijt! Er is geen echte ruzie als de tegenpartij niet meedoet. Bijvoorbeeld, als zij zeggen: 'Die bril staat je echt stom', kun jij antwoorden: 'Ja, waarschijnlijk wel' of 'Ik kan begrijpen dat jij dat vindt' en daarna weglopen. Daardoor krijgen zij de indruk dat het jou niet echt kan schelen wat zij zeggen.
- Kom voor jezelf op. Zeg wat ze doen, wat het jou doet en wat jij wilt dat eraan gedaan wordt. Probeer het K.M.K. (kort maar krachtig) te houden. Zoals dit: 'Ik vind het niet leuk dat jullie me kleineren, het kwetst me en ik wil dat jullie ermee ophouden.'
- Als het erop gaat lijken dat ze gaan vechten, maak je dan snel uit de voeten en haal onmiddellijk hulp bij een volwassene.
- Zorg ervoor dat je vriendinnen om je heen hebt die jou steunen.

ALS HET VERVELENDE GEPEST BLIJFT DUREN...

- Vertel het aan iemand. Onthoud, het vertellen is een eerste stap om iets vervelends dat met jou of een vriendin gebeurt, te laten stoppen. Praat met je leraar, je ouders of de vertrouwenspersoon op school en vraag om hulp. Iemand die pest luistert niet naar jouw 'ophouden!', maar misschien wel naar een volwassene.
- Als je op school bent, vertel het dan aan een leraar en speel dicht in de buurt van de meester of juf. Dat is veiliger voor jezelf.
- Vertel het probleem aan de directeur van de school. Praat met hem of haar, schrijf een brief of doe beide.
- Als je niet op school bent, zorg er dan voor dat je vriendinnen meelopen, vooral wanneer je denkt de pesters tegen te komen. Zorg dat je een vriendin hebt en wees een vriendin voor de ander.
- Als je vriendinnen weg zijn of je hebt er geen, of wanneer je bang bent dat zowel jij als je vriendin worden aangevallen, vraag dan hulp aan een volwassene. Vraag of er iemand met jullie wil meelopen.

Het laatste woord over conflicten

Denk een poosje na over wat je tot nu toe hebt gelezen... Meestal ontstaat een conflict door een misverstand of doordat jullie een andere of tegenovergestelde mening hebben. Dus probeer je in de andere te verplaatsen. En natuurlijk moet je blijven onthouden dat de beste manier om een conflict te vermijden is andere mensen met respect te behandelen en hun vragen jou met respect te behandelen.

Blijf stralen, pubermeid!

Hoofdstuk 9

Pubermeid, ga de uitdaging AAN

Zo, je hebt gemerkt dat je aan het veranderen bent . . .

Maar raad eens! Je bent niet de enige! Als je om je heen kijkt zul je zien dat iemand uit jouw familie, van school en in jouw vriendenkring net hetzelfde meemaakt! Om te beginnen ondergaan al jouw vriendinnen en vrienden dezelfde veranderingen en voelen zij zich waarschijnlijk net zo verward, beschaamd, opgewonden en nieuwsgierig als jij. In feite is het gewoonlijk een tijd waarin jullie allemaal op elkaar letten. Wie krijgt er al borsten? Van wie breekt de stem? Wie krijgt er een familie puistjes op zijn kin? En van welke jongen worden de schouders breder? Terwijl jij om je heen kijkt, merk je misschien wel dat jouw ogen ook naar iets leuks op zoek zijn. Die jongens die in de lagere klassen zo vervelend deden, zien er veel leuker uit als jullie in de hogere klassen komen. Dat klopt, jij begint ze te zien als een mogelijk vriendje en niet alleen maar als vervelende lastposten!

HÉ, SCHOONHEID!

Van wie we dromen, te leuk voor woorden vinden of op wie we verliefd zijn, verschilt bij iedereen net zo erg als wij onderling verschillen. Dat maakt van ons juist zo'n schitterend en gevarieerd clubje. We kunnen houden van lang, kort, donkere haren, krullen, gespierd, dun, rustige types, praatgrage types, bedachtzame boekenwurmen of sportieve types, maar ook het geslacht behoort tot de keuzes. We kunnen ons aangetrokken voelen tot jongens of meisjes of beiden. Deze keuzes horen bij het opgroeien en bij het ontdekken van wie we zijn. Er bestaan geen regels hiervoor. Het gaat erom wat voor jou het beste is, dat je jezelf leert kennen en leert te vertrouwen op je gevoelens.

HOMO OF HETERO KAN ALLEBEI GELUK BETEKENEN

Als je romantische gevoelens hebt voor een persoon van het andere geslacht heet dat **heteroseksualiteit**. (Het komt van het oude Griekse woord **heteros**, wat ander betekent.) Wanneer iemand meer romantische interesse heeft voor een persoon van hetzelfde geslacht, heet dat **homoseksualiteit** (een ander oud Grieks woord, **homos**, wat hetzelfde betekent). Waarschijnlijk heb je wel eens van de gewone woorden 'homo' of 'lesbisch' gehoord (een homoseksuele vrouw) om homoseksualiteit te beschrijven. Sommige mensen maken een keuze als ze wat ouder zijn, maar anderen weten al van kindsbeen af dat ze homo of hetero zijn.

Vaak vertelden meisjes uit mijn groepjes dat hun moeder een relatie had met een andere vrouw of dat hun vader homo was. Deze meisjes weten hoe normaal hun ouders het vinden om zo'n relatie te hebben. Voor hun ouders is al het overige hetzelfde: ze studeren ook, gaan ook naar hun werk, stichten een gezin, hebben vrienden, houden van hun kinderen en houden van een ander of ze nu heteroseksueel, homoseksueel of **biseksueel** zijn. (**Bi** betekent twee. Mensen die bi zijn voelen zich aangetrokken tot mannen en vrouwen.)

Maar je moet weten dat de meeste mensen ooit wel eens homoseksuele gevoelens, gedachten, dromen of fantasieën hebben gehad op een bepaald ogenblik in hun leven. Het hoeft niet te betekenen dat ze homoseksueel zijn. Het is normaal om nieuwsgierig te zijn en relatiekeuzes te onderzoeken tijdens de ontwikkeling van onze seksualiteit. Soms hebben mensen een homoseksuele liefde of gevoelens, maar voelen zij zich verward of zijn ze bang voor deze gevoelens. Vaak komt dit omdat ze altijd hebben gehoord dat het niet goed of normaal is om homoseksueel te zijn. Wat je seksuele voorkeur ook is, het allerbelangrijkste is dat je van jezelf houdt en je trots voelt om wie je bent.

> 'Ik wil niet dat mijn kindertijd ophoudt, want het is zo leuk om kind te zijn. Je ouders nemen alle beslissingen voor jou, dus hoef jij niet na te denken.' Ginnie, 10

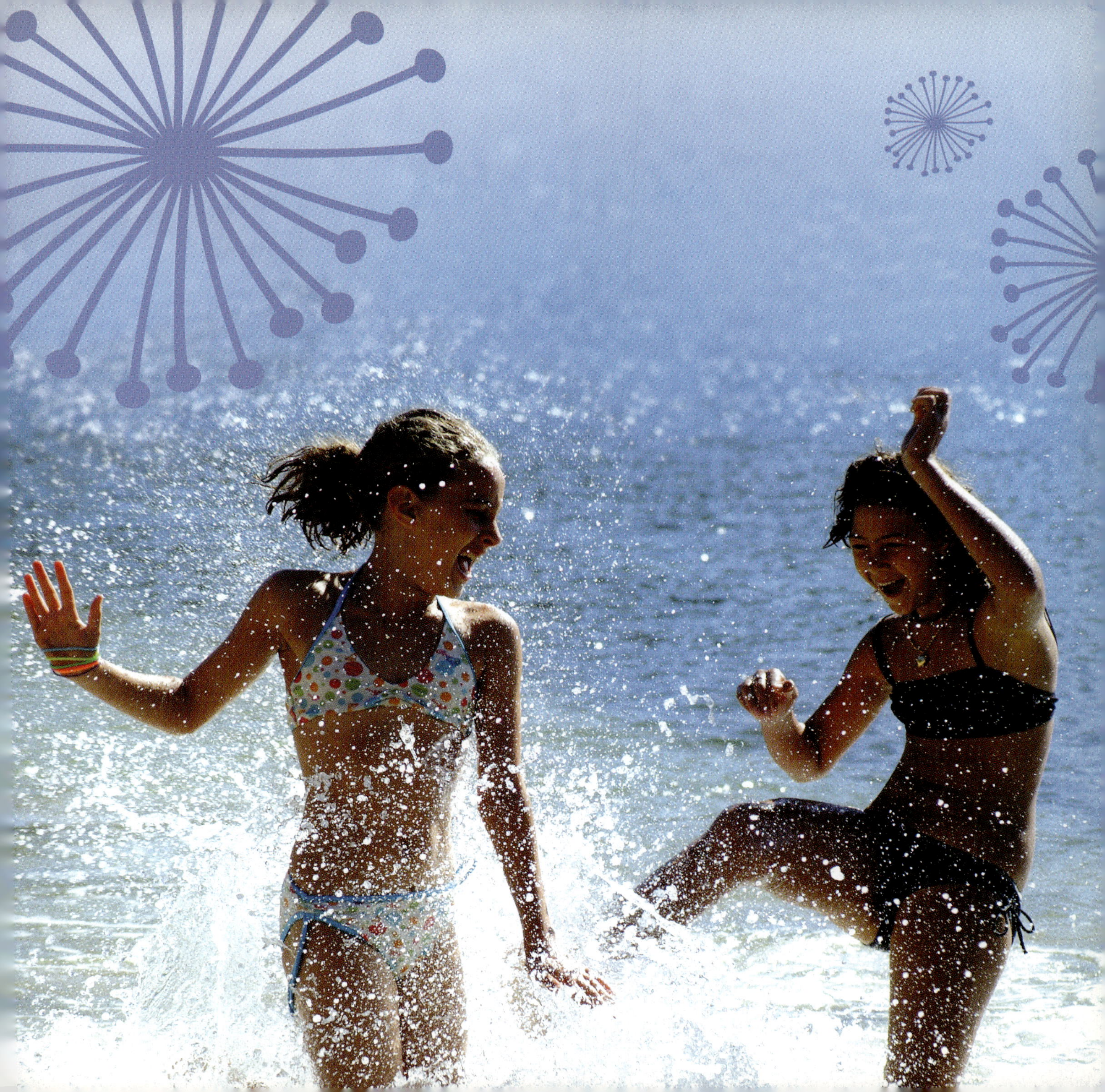

Wat gebeurt er met de puberjongens???

Als jij denkt dat het hartstikke oneerlijk is dat jij al die veranderingen tijdens de puberteit moet doorstaan, verschijnt er misschien een lach op je gezicht als je weet dat de jongens ook een aantal wonderbaarlijke veranderingen doormaken!

- Zijn penis en zaadballen worden groter.
- Hij krijgt schaamhaar rond zijn penis en zaadballen en okselhaar. Zijn armen en benen worden over het algemeen hariger. Hij krijgt wat haar op zijn gezicht en mogelijk ook op zijn borst, rug en bips.
- Hij krijgt erecties – sommige mensen noemen dat 'een dikke hebben', 'hard worden' of 'een stijve hebben'. Dat gebeurt wanneer het weefsel in de penis zich vult met bloed en opzwelt waardoor de penis hard wordt en naar voren gaat staan.
- Hij krijgt natte dromen – de medische term hiervoor is **pollutie** (onwillekeurige zaadlozing tijdens de slaap). Natte dromen gebeuren tijdens de slaap als een jongen een sexy droom heeft en ejaculeert of wat **sperma** uit zijn penis naar buiten spuit (sperma is de vloeistof waar de mannelijke geslachtscellen inzitten die **zaadcellen** heten). Het is niet leuk om midden in de nacht op te moeten staan om de lakens te vervangen.
- Hij krijgt meer haar en gaat misschien ruiken onder de oksels.
- Zijn stem verandert: de stem kan hoog en laag gaan en daarna wordt hij dieper.
- Hij kan puistjes/acne krijgen – over het algemeen hebben jongens er meer last van dan meisjes.
- Hij wordt groter en breder en krijgt meer spieren.
- Zijn schouders worden breder.
- Bij sommige jongens (zo'n 60 procent) groeit onder de tepels wat borstweefsel. Net als meisjes wordt de borst pijnlijk en gevoelig. Dat verdwijnt meestal weer aan het eind van de puberteit.

MIJN VRIENDINNEN ZIJN ZOOO COOL!

Wij meiden zijn bofkonten omdat velen van ons een hechte en liefdevolle relatie hebben met vriendinnen. We hebben het makkelijker om elkaars hand vast te houden, onze gedachten en gevoelens met elkaar te delen, te kussen en te knuffelen met onze vriendin dan jongens onderling. Onze vriendinnetjes zijn ons dierbaar en als we elkaar met liefde en respect behandelen, worden onze vriendschappen steeds hechter en dieper. Sommige vriendinnen kennen elkaar al sinds hun kleutertijd. Misschien heb jij ook zulke vriendinnen.

Wat verwijdering kan brengen tussen vriendinnen is geroddel. Het kan veel pijn veroorzaken en zelfs de meest hechte vriendschappen kunnen erdoor verloren gaan. Je weet hoe het gaat: je deelt iets persoonlijks met een vriendin die het vervolgens aan iedereen doorvertelt. Oké, laten we ervan uitgaan dat jij de flapuit bent – als je eraan terugdenkt toen je het voor het eerst aan iemand anders doorvertelde, voelde het waarschijnlijk op dat moment niet goed. Wat moet je doen als een ander jou smeekt je diepste geheimen te vertellen? Meisjes vragen mij vaak: 'Hoe weet je wie je kunt vertrouwen?' En weet je wat het antwoord daarop is? Je moet leren op jezelf en je gevoelens te vertrouwen. Laten we dat meteen oefenen. Denk aan de laatste keer dat je roddelde? Misschien kreeg je een ongemakkelijk gevoel vanbinnen, zelfs al tijdens het vertellen. Dat kan een zenuwachtig of gespannen gevoel in de maag zijn, misschien haalde je oppervlakkig adem of voelde je je keel dichtsnoeren. Dat zijn vaak tekenen dat het niet goed is om iets te delen. Vertrouw op deze gevoelens. Ook al is je vriendin aan het smeken en belooft ze je alsjeblieft, alsjeblieft, met haar hand op haar hart dat ze het aan niemand zal vertellen. Blijf trouw aan jezelf. Aan de andere kant, als je weet hoe het is om tot iets aangezet te worden waar je je niet fijn bij voelt, zorg er dan voor dat je weet hoe je een geheim kunt bewaren en dring niet aan als iemand iets niet met jou wilt delen.

PUBERTEIT, DAT BELEEF JE MET HET HELE GEZIN

Je relatie met je ouders, broers en zussen zal zeker veranderen als jij aan het veranderen bent. Je bent op een leeftijd waarop je nog steeds je ouders nodig hebt, maar misschien vaker met vriendinnen uitgaat, je eigen beslissingen wilt nemen en over het algemeen onafhankelijker wordt. Het kan zijn dat jullie van mening verschillen en dat je je eigen kleren, vrienden en hobby's wilt kiezen. (Als dit allemaal probleemloos verloopt, dan 'Hallo! Wat is je geheim? En wat jij kunt, kunnen wij beslist ook!')

De lichamelijke en emotionele veranderingen gaan hand in hand. Bijvoorbeeld, als jouw borsten beginnen te groeien en je meer haar op je lichaam krijgt, kun je je tegelijkertijd een beetje over je lichaam gaan schamen en meer privacy willen. Je wilt misschien minder praten over wat er met je aan de hand is, omdat je je aan de ene kant meer wilt terugtrekken en aan de andere kant omdat je je niet zeker over jezelf voelt. Ouders kunnen op dat ogenblik echt geweldig zijn, als je hun daar de kans voor geeft natuurlijk. Als je wilt dat je ouders jou vertrouwen dan is het een goed begin om hen in vertrouwen te nemen over wat er in jou omgaat.

Als je het een beetje raar vindt om over puberteit te praten helpt het misschien om te bedenken dat je moeder, grootmoeder, overgrootmoeder en betovergrootmoeder allemaal pubers zijn geweest en dat ze allen vaak hun slaapkamer op slot wilden houden, het nieuwe truitje dat hun moeder voor hen gekocht had niet mooi vonden, zich schaamden voor hun borsten, de buurjongen leuk vonden en hun maandverband moesten vervangen.

Je kunt misschien beginnen met te vragen hoe zij het vonden toen ze voor de eerste keer ongesteld werden, of ze het aan hun ouders vertelden en hoe ermee omgegaan werd. Soms willen vaders en moeders jouw eerste ongesteldheid vieren. Hallo? Vieren?? Ik weet het, ik weet het, jij wilt graag alles verborgen houden en ik praat hier over het aankondigen ervan.

Pubermeid ontmoet de wereld!
Zo, de show is bijna voorbij. Wat kan ik nog meer zeggen dan: 'Veel geluk op je reis!'? Hopelijk kan dit boek je helpen om je meer te ontspannen bij alle veranderingen die jou de komende jaren te wachten staan, van puistjes en tampons tot borsten, lichaamsgeur en nog veel meer. Als je nog andere vragen hebt, schrijf me dan alsjeblieft. Ik wil graag weten hoe het met je gaat. De rest moet je zelf doen, pubermeid. Aan het eind van het boek geef ik jou de fakkel van de glorie van de puberteit en het eremaandverband van de hoop en de moed door (met vleugeltjes natuurlijk!). Je vriendinnen en jij zijn allemaal leiders en ambassadeurs om meisjes eraan te herinneren dat puberteit geen vies woord is en menstruatie een gezond, normaal onderdeel is van het opgroeien. Jij en alle meisjes over de hele wereld, in alle vormen, maten en kleuren, maken allemaal samen deze prachtige, gekke, verwarrende reis. Hopelijk lachen jullie aan het eind van dit boek en weten jullie met kalme zekerheid dat jullie prachtige, krachtige, creatieve pubermeiden zijn! Als je wilt, kun je alles, zelfs tijdens je puberteit!

Het is voor iedere pubermeid weer anders, maar dit is een ongelofelijke tijd van veranderingen in jouw leven. En de mensen die jou het meeste aan het hart liggen, willen jou misschien wel helpen om je puberteit te vieren. En jóú te vieren – jij mooie, getalenteerde, heerlijke pubermeid!

WOORDENLIJST

Adolescentie
De periode in het leven van puberteit naar volwassenheid als een jong persoon 'opgroeit'.

Anorexia nervosa
Als iemand zichzelf uithongert door niets of heel weinig te eten. Vaak wordt er ook te veel gesport om controle te houden over het lichaamsvet en het gewicht.

Areola
Het donkerdere gebied rond de tepels, het tepelhof.

Baarmoeder (of **uterus**)
De baarmoeder is een hol orgaan, ongeveer zo groot als je vuist. Ze zit in je bekken. Tijdens de zwangerschap kan er een baby in groeien. De baarmoeder bestaat uit een spier die aan de binnenkant bedekt is met het baarmoederslijmvlies, het endometrium.

Boulimia
Als iemand een grote hoeveelheid voedsel in een keer eet (eetbuien) en dan zichzelf dwingt om over te geven.

Clitoris of **kittelaar**
Het kleine orgaan zo groot als een erwt boven aan de vulva (zie vulva). Het is heel gevoelig als het direct of indirect aangeraakt wordt of als erop geduwd wordt. Het is het vrouwelijke orgaan voor seksueel genot.

Dysmenorroe
Krampen of ongemak tijdens de menstruatie.

Eetbuien
Als iemand geen controle heeft over de drang om te veel te eten en deze eetbuien vaak geheimhoudt. Anders dan bij boulimia (zie boulimia) geeft iemand met eetbuien daarna niet over.

Eetstoornissen
Als iemand een probleem heeft met het eetpatroon – men eet niet genoeg of men hongert zichzelf uit (zie anorexia), men eet te veel (zie eetbuien) of men dwingt zichzelf om over te geven (zie boulimia).

Eierstokken of **ovarium**
Dat zijn twee organen (ongeveer zo groot als een amandel) die ieder aan een kant van de baarmoeder zitten in het bekken van een vrouw. In de eierstokken zitten eitjes (ova), ze maken vrouwelijke hormonen. Een ovum (meervoud: ova) is een ei.

Eileiders
Twee dunne kanaaltjes aan beide zijden van de baarmoeder met heel fijne haartjes vanbinnen die het eitje (ovum) van de eierstok naar de baarmoeder brengen (zie baarmoeder).

Genitaliën of **geslachtsdelen**
Daarmee worden de voortplantingsorganen bedoeld van een vrouw (de schaamlippen, clitoris, vagina) of van een man (penis, zaadballen).

Geslachtsorganen
De delen van het lichaam die betrokken zijn bij de voortplanting (het krijgen van een baby). Bij een vrouw zijn dat de baarmoeder, de eierstokken, de eileiders en de vagina.

Grote schaamlippen (labia majora)
De zachte huidplooien die de vagina bedekken en beschermen.

Hormoon
Hormonen zijn natuurlijke lichamelijke stoffen, zoals oestrogeen en progesteron, die delen van het lichaam beïnvloeden of regelen.

Kleine schaamlippen (labia minora)
De tere huid rond de inwendige delen van de vulva die de vaginaopening vochtig houdt. De schaamlippen komen samen bij de clitoris en beschermen die.

Maagdenvlies
De huid die een deel van de ingang van de vagina bedekt.

Masturbatie
Jezelf rond de genitaliën aanraken voor seksuele bevrediging.

Menarche
De eerste menstruatie van een meisje, meestal tussen de 8 en 16 jaar.

Menopauze
De laatste menstruatie of het eind van de menstruatie. Vrouwen kunnen dit verwachten tussen de 45 en 55 jaar. Daarna kan een vrouw niet meer zwanger worden.

Menstruatie
De maandelijkse ongesteldheid of menstruele bloeding. Tijdens de menstruatie komt het extra bloed en weefsel dat in de baarmoeder tijdens de menstruele cyclus is opgebouwd, door de vagina naar buiten. Dit duurt gewoonlijk tussen de 3 tot 7 dagen.

Menstruatiepijn
Pijn of ongemak tijdens de ovulatie (zie ovulatie).
Vrouwen kunnen een lichte pijn voelen aan de kant waarin het eitje vrijkomt. Ook kunnen de krampen in de buik en onderrug tijdens de eerste en tweede dag van de ongesteldheid hiermee bedoeld worden.

Oestrogeen
Een vrouwelijk hormoon dat door de eierstokken wordt geproduceerd.

Ongesteldheid (zie menstruatie)

Ovulatie of **eisprong**
Dat is wanneer een keer per maand uit een van de eierstokken een eitje vrijkomt.

Progesteron
Een vrouwelijk geslachtshormoon dat door de eierstokken wordt geproduceerd en dat veranderingen in het slijmvlies van de baarmoeder veroorzaakt.

Prostaglandine
Dat is een hormoon of chemische boodschapper in het bloed dat ervoor zorgt dat de spieren in de wand van de baarmoeder zich tijdens de menstruatie samentrekken.

Puberteit
De ontwikkelingsfase van een kind dat opgroeit tot een seksueel volwassen mens. Na de veranderingen in de puberteit kan iemand kinderen krijgen. Een meisje krijgt tijdens de puberteit een groeispurt, de borsten en heupen gaan groeien, er groeit lichaamshaar en haar menstruatie begint (zie menstruatie).

Schaamhaar
Dik, krullend haar dat het gebied van de genitaliën bedekt (zie genitaliën).

Slijm
Een heldere (of licht geelachtige), glibberige vloeistof die de vagina schoon en vochtig houdt.

Testosteron
Het mannelijke geslachtshormoon dat in de zaadballen of testikels wordt geproduceerd en dat zorgt voor de ontwikkeling van mannelijke geslachtskenmerken en hun geslachtsdrift stimuleert. Meisjes hebben een kleinere hoeveelheid testosteron dan jongens, samen met de vrouwelijke hormonen oestrogeen en progesteron.

Uterus (zie baarmoeder)

Vagina
Soms wordt dit het geboortekanaal genoemd. De vagina is een doorgang van spieren die van de baarmoederhals (het onderste gedeelte van de baarmoeder) naar de buitenkant van het lichaam leidt. Tijdens de menstruatie vloeit er menstruatiebloed uit de baarmoeder door de baarmoederhals naar de vagina en vervolgens naar buiten.

Vulva
De streek van de uitwendige geslachtsorganen; ze bestaat uit de venusheuvel of schaamheuvel, de buitenste grote schaamlippen, de kleine schaamlippen aan de binnenkant, de clitoris en de vaginale opening.

Zelfvertrouwen
Dit is een algemene term voor hoe je je voelt over jezelf: over wie je bent, hoe je dingen doet en hoe je eruitziet. Als iemand zichzelf niet zo erg leuk vindt, zeggen ze dat hij of zij weinig zelfvertrouwen heeft.

DANKBETUIGING

Als ik aan de groepjes denk die ik de afgelopen 13 jaar heb geleid, voel ik mij ontroerd en geïnspireerd door de gedachte dat ik met zo'n 1040 meisjes heb gewerkt! Ik moet lachen als ik bedenk dat sommige van die meisjes nu 25 jaar zijn en misschien inmiddels zelf kinderen hebben. Wauw! Al die pubermeiden wil ik bedanken voor de uitdaging die ze met me aangingen door eerlijke en moeilijke vragen te stellen, voor hun openheid en nieuwsgierigheid naar het opgroeien, voor de verhalen die ze mij vertelden, het meelevend luisteren naar de zorgen van elkaar en het met mij delen van hun creatieve ideeën en wijsheid.

Ik voel mij ook gezegend dat ik zoveel geweldige vrouwen ken die mij tijdens het schrijven van dit boek hebben gesteund en mij openlijk hun vele verhalen hebben verteld. Heel veel dank aan al die fantastische, intelligente, pittige, krachtige, grappige, creatieve, gevoelige, sterke vrouwen! De lijst is lang en strekt zich uit over vele landen in de hele wereld. Speciale dank voor de dynamische Lyn Clune die in het Royal Hospital for Women Randwick in Australië vanaf het begin bij dit onderwerp was betrokken en geloofde in het belang ervan, Jane Svensson, voor haar blijvende steun aan deze groepjes en mijn medegroepsleidster Marg Erwin. Dank aan Di Todaro en Liz Seymour van CKSD voor hun steun en geloof in de waarde van dit boek en aan het team van Allen & Unwin. Dank aan alle pubermeiden die ons hun waardevolle feedback gaven: Thea Brash, Eliza Cavalletto, Sophie Marshall, Anna Phillips, Lucy Phillips en Carla Todaro. Dank aan alle pubermeisjes die meewerkten aan de foto's: Jamie Ayoub, Eliza Cavalletto, Vanessa Harnn, Laura Lee McLaughlin, Davina Mahlstedt, Isabella Mercuri, Bianca Mercuri, Jessica Pinker, Rachel Pinker, Anna Phillips, Lucy Phillips, Carla Todaro en M'Lisa Ward.

Ten slotte dank aan mijn lieve vrienden en collega's voor hun enthousiasme, verhalen en steun: Gemma Summers, Alexandra Pope, Sarah Parry, Jen Fox, Silvia Camastral, Amanda Frost en Anna Cole.